KB135433

세종시 역사인물에서 만난 나의 멘토

<일러두기>
* 이 책에 인용된 내용은 최대한 원문으로 표기하였습니다.
* 이 책의 자료는 2023년까지의 자료입니다.
* 이 책에 실린 글과 그림 사진은 저작권자에게 있습니다.
  저작권자의 허가 없이는 무단 복제를 금합니다.

세종시 역사인물에서 만난 나의 멘토

성배순 글·이재연 그림

역사인물 속 꼰대를 나의 멘토로 삼자

'라떼는 말이야'를 즐겨 쓰는 기성세대를 젊은 사람들은 흔히 '꼰대'라는 틀에 가둔다. 그리고는 무조건 비판적인 시각으로 바라본다. 이것은 물론 일반화의 오류이다. 라떼를 찾는 나이 듦은, 오랜 경험과 지혜가 축적된 무게요 가치라고 한다면 나 또한 꼰대일 것이다. 역사 속 인물들은 정보를 빠르게 클릭하는 시대를 사는 우리에게는, 손가락으로 까딱까딱 글을 훑는 시대를 사는 현대인들에게는, AI가 일도 하고 그림도 그리고 작곡도 하고 글도 쓰는 인공지능 시대에 사는 포노사피엔스에게는 분명 꼰대로 비칠 것이다. 그들은 목숨을 던지면서까지 불의에 타협하지 않는 올곧은 성품을 지녔기 때문이다. 올곧음은 젊은이들에게는 융통성이 없는 것일 테니 말이다. 그렇다면 속도가 생명인 시대를 사는 현대인들에게 소설이나 동화가 아닌 꼰대들의 이야기를 읽게 하는 것이 가능할까?

지금의 시대는 좀처럼 생각할 틈을 주지 않는다. 문학작품 속에서도 묘사나 은유적인 표현들이 줄어들고 있다. 이 시대의 문장은 클릭하는 손가락이 읽게끔 짧아지고 있다. 사람들과의 대화도 카톡이나 문자를 사용하다보니 용건만 간단하게 거두절미한 문장들이다. 짧은 문자와 유튜브에 익숙해진 포노사피엔스들은 책 읽기가 어렵다. 그 이유는 말할 것도 없이 문해력이 부족하기 때문이다. 문학작품을 포함한 모든 책읽기는 반드시 문해력을 필요로 한다. 문해력과 함께 집중할 수 있는 시간도 필요하다. 현대를 속도의 시대라고 한다. 빠르게 움직이는 이 시대에 시간을 내서 오롯이 책 읽는데 투자하기란 쉽지 않다. 제대로 된 소설책 한 권을 읽는 데는 이틀이나 사흘쯤 걸린다. 독서는 1시간 반에서 2시간이면 감상이 끝나는 영화와는 애초부터 경쟁이 안 된다. 유튜브와의 경쟁은 아예 엄두도 못 낸다. 초마다 마구 쏟아져 나오는 영상물과 즐길 거리에 빠진 포노 사피엔스에게, 종이책은 과연 효용성이 있는 것인가? 게다가 역사를 다룬 종이책은 더더욱 효용성이 있는 것인가 하는 의문을 가졌다. 그러나 세종시에서 학생이나 일반인들에게 지역의 역사 인물 강의나 인물에 대한 글을 쓰면서 느낀 것은, 지역의 역사인물을 알고 난 후 사람들이 지역에 대한 관심이 늘었고 지역에 대한 자부심이 커졌다는 것이다. 그리고 역사 이야기가 영화만큼 흥미롭고 재미있다는 반응이었다. 역사 속에는 다양한 장르의 이야기가 숨겨져 있기 때문이다. 그런 체험이 이번 책『세종시 역사인물에서 만난 나의 멘토』를 기획하게 되었다. 내가 사는 지역의 역사와 문화를 안다는 것은 역사의식과 함께 지역에 대한 관심과 애정을 키우는 지름길임은 분명하다.

2012년 7월 1일에 출범한 세종시는 충청남도 연기군 지역 전체를 흡수하고 출발하였다. 여기에는 공주시 일부와 충청북도 청원군 일부를 포함하였다. 그런데도 외부에서 세종시를 바라보는 시각은 역사가 짧다는 시각이 많다. 필자는 이 지역이 지역 곳곳의 설화나 전설을 비롯해 역사적 인물 또한 풍부함을 주장해 왔다. 이 책은 세종시의 역사에 대해 잘 몰랐던 사람들에게, 이 지역의 풍부한 역사적 자료를 알려야 하겠다는 생각으로 시작되었다. 이 책의 제목에도 드러나듯이『세종시 역사인물에서 만난 나의 멘토』는 청소년뿐만 아니라 성인들에게 이 지역의 역사와 인물을 이해함으로써 지역에 대한 관심과 애정을 갖게 할 것으로 생각한다. 이 책은 이 지역에 살았던 역사 속 인물을 통해 애국을 생각하고 생명존중 및 학문연구에 대한 부분을 자연스럽게 익히며 역사적 인물을 나의 멘토로 삼는다는 취지이다.

이 책은 『조선왕조실록』 속의 사실을 바탕으로 썼다. 다양한 스토리텔링이 풍부한 야사의 기록은 참고형식으로 넣었다. 역사는 승자들의 기록이라고는 하지만 그래도 승자들의 기록을 먼저 알고 야사의 이야기를 읽었으면 하는 바람으로 그렇게 했다.

김종서를 다룰 때는 많은 고민을 하였다. 세종 시대 6진의 설치는 우리나라 북쪽 경계가 두만강 연안에까지 미치게 되는 중요한 사건이라고 배웠고 지금도 그렇게 배우고 있기 때문이다. 그러나 현재까지도 사용하고 있는 조선의 국경은 정말로 압록강과 두만강이 경계일까? 이 부분은 『조선왕조실록』을 조금만 살펴보아도 고개가 갸우뚱거려질 것이다. 그렇다면 고려의 국경이 어디인가 하는 문제도 고민하지 않을 수 없었다. 고려의 국경은 곧바로 조선의 국경이 되기 때문이다. 이 부분은 다양한 자료를 넣었으니 『세종시 역사인물에서 만난 나의 멘토』를 찾은 여러분들이 더 조사하고 밝혀내야 할 숙제로 남긴다.

2023년 10월 세종시 갈뫼에서

성 배 순

차례

"긴파람 큰 한소리에 거칠 것이 없어라",

김종서

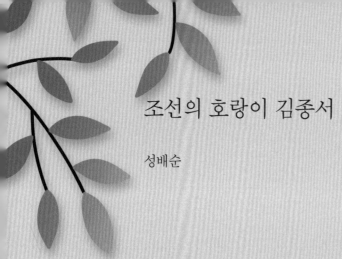

조선의 호랑이 김종서

성배순

누구는 날 보고 키가 작다 하네.
몸집이 형편없이 보잘것없다 하네.
그러한 내 이름 김종서 석 자만 들어도
북방의 여진족들은 온몸을 떠네.

손발 꽁꽁 얼어붙는 북방 만리변성에서
큰 칼 짚고 선 까닭은 오로지 하나
조선의 땅을 지켜야 한다는 것.
우리 백성을 보호해야 한다는 것.

역모를 꾀했다는 억울함
293년 후에야 비로소 홀홀 털어버리고
빗방울로, 눈발로, 오늘은 바람으로
이 강산에 스미고 있네. 이 땅이 되고 있네.

"긴파람 큰 한소리에 거칠 것이 없어라", 김종서

세종시 장군면의 탄생

우리 지역 세종시에는 세종임금과 관련한 인물이 많은데 김종서(金宗瑞, 1383~1453)도 그중의 한 사람이에요. 그는 세조인 수양으로 인해 하루아침에 역적이 된 인물이에요. 그러나 지금 그를 역적이라고 생각하는 사람은 아무도 없을 거예요. 김종서의 별명은 대호 또는 백두산 호랑이에요. 그래서인지 영화나 드라마에서 김종서 역은 주로 풍채가 좋은 건장한 배우들이 맡았어요. 영화나 드라마의 영향 때문인지 사람들은 김종서의 외모가 호랑이처럼 강하게 생겼을 것 같다고 해요. 그러나 세종대왕이 평한 그의 인물됨은 우리의 예상과는 전혀 다르답니다.

지금 함길도 도절제사 김종서는 본디 유신(儒臣)으로서 몸집이 작고, 관리로서의 재주는 넉넉하나 무예는 모자라니 장수로서 마땅하지 못하다. 다만 그가 일을 만나면 부지런하고 조심하며 일 처리하는 것이 정밀하고 상세하며, 4진을 새로 설치할 때에도 처치한 것이 알맞아서 갑자기 그 효과를 보았으니, 이것은 포상할만하다.

－『세종실록』1440년 세종 22년 7월 5일

김종서 초상화

　몸집이 작다고 한 것으로 보아 그는 왜소했었던 것 같아요. 그 외에도 그에 대해서 우리가 잘못 알고 있는 부분은 장군이라는 호칭이에요. 조선 시대에는 문관 우위 사상이 지배적이었기 때문에 최고 사령관 자리는 주로 무신이 아닌 문관들에게 주어졌어요. 김종서도 문인으로 등용된 인재였으며 무신으로서는 벼슬을 받은 적이 단 한 번도 없었답니다. 그러나 그는 문신이면서도 무관의 호방함과 용맹함을 겸비한 인물이었어요.

　그를 생각할 때 많은 사람은 그가 계유정난의 첫 번째 희생자라는 것과 4군 6진을 회복해서 우리나라 국경선의 기초를 다졌다는 사실을 먼저 떠올릴 겁니다. 김종서는 우리 지역 세종시에서 출생했어요. 세종시가 출범하면서 천년 역사의 지역 고유 이름이 사라진 곳이 많은데 그의 고향인 장기면도 그중의 한 곳이에요. 장기면은 16개 마을로 이루어져 있었어요. 이 중 금암리, 대교리, 도계리 등 9개 리와 의당면의 송정리, 송학리, 용암리, 용현리, 태산리 5개 리가 합쳐져 하나의 면이 탄생하게 되었어요. 새로 만들어진 면의 새로운 이름을 정하고자 마을의 대표들이 모여 회의를 열었어요. 장기면이 의당면에 비해 컸기 때문에 장기면의 대표자들은 '장'자가 앞에 와야 한다고 주장했어요. 그들

장군교로 이름이 바뀐 한다리

은 장기면의 '장'자와 의당면의 '의'자를 붙여서 '장의면'으로 하자고 주장했어요. 다른 마을 대표들은 '장의면'은 장의사가 연상되니 안 좋다고 반대했어요. 그럼 김종서 장군이 이곳 출신이니 장군면으로 하면 어떻겠냐는 의견이 나왔고, 그 의견에는 모두가 찬성해 '장기면'은 역사에서 사라지고, 현재의 장군면이 탄생하게 되었답니다.

한다리 유래와 동혈사 전설

대호라 불리는 그의 무덤은 세종시 장군면 대교리에 있어요. 사실 대교리(大橋里)를 흐르는 대교천은 그리 큰 개천이 아닌데 왜 '큰 다리'라고 하였을까요? 대교리를 예전에는 한다리라고 불렀어요. 이렇게 불리게 된 이유가 있는데요. 한다리와 그의 무덤에는 네 가지 이야기가 전해 내려오고 있답니다. 첫 번째는 가장 널리 알려진 '한다리' 전설이 에요. 김종서는 계유정난으로 인해 능지처참을 당하고 시신은 사방팔방으로 흩어졌어요. 그때 어디선가 그의 애마가 나타나 흩어진 시신 중에서 다리 한쪽을 찾아내 물고 그의 고향까지 달려와서는 숨을 거두었다는 겁니다. 마을사람들은 다리 한쪽을 묻고 무덤을 만들었고, 그 후로 대교리 일대를 '한다리'라고 불렀다고 해요. 우리말의 '한'은 '한쪽' 이라는 뜻도 있지만, '크다'라는 뜻도 있고, '다리' 역시 '사람의 다리'도 있지만, '물 위에 세워지는 다리'도 '다리'라고 하니까, '한다리'를 한자로 옮기는 과정에서 잘 못 붙여진 이름이 지금의 '대교리'인 것이에요. 두 번째는 둘째 아들 김승벽이 아버지의 머리를 몰래 고향 공주로 가져와서 암매장한 후 도주했다는 전설이에요. 김승벽은 계유정난으로 목숨을 잃었기 때문에 이 전설은 신빙성이 떨어진다구요? 1453년 음력 10월 10일 계유정난이 일어났고, 10일 목숨을 잃은 사람은 큰아들 김승규였고, 그 이튿날인 11일 김종서가 목숨을 잃었잖아요? 둘째아들 김승벽이 목숨을 잃은 날짜는 16일이니까 목숨을 잃기 전에 했던 일이라면 가능한 일인지도 모르겠어요. 세 번째는 시신이 아닌 옷만을 묻었다는 전설이에요. 그리고 네 번째 설은 잘 알려지지는 않았지만, 첫째 부인이 병으로 죽은 후 68세 이후에 맞아들인 두 번째 부인인 설리에 관한 이야기예요. 설리는 여진족 추장의 딸인데 미모와 행실이 출중했다고 합니다. 설리라는 이름은 눈처럼 흰 피부를 가졌다 하여 김종서가 지어준 이름이라 해요. 계유정난 이후 세조는 설리에게 마음이 있어 입궁하라는 명령을 내렸어요. 설리는 세조의 청에 길일을 택해 입궁하겠다고 거짓 약조를 했어요. 이후 집사관을 시켜 서소문에 효수된 김종서의 머리를 거두어 김종서의 아버지 묘가 자리한 대교리 밤실에 몰래 묻으라고 했어요. 그리고는 집사관으로부터 일을 무사히 마쳤다는 전갈을 듣고는 황해도 천축사라는 절로 들어가 스님이 되었다고 합니다. 그 후 후손들이 선산에 암장한 묘를 찾아내 봉분으로 갖추어 지금의 묘가 되었다고 하는 설이에요. 유주현의 역사소설 『파천무』에는 설리가 수양의 요청을 받아들여 수양 앞에서 춤을 추었는데 그 춤 이름을 '파천무'라고 한다고 했어요. 『조선왕조실록』을 찾아보니 김

유허지: 공주시 의당면 월곡리 138-2

동혈사 전설 속 바위

종서에게는 첩이 많았다고만 나올 뿐 설리라는 이름은 아쉽게도 찾을 수가 없었어요. 그러나 민간에서 전해 내려오는 이야기는 기록되지 않은 이야기들도 있는 법이니까 설리가 소설 속 가상의 인물이라고 단정 지을 필요는 없어요. 계유정난으로 김종서의 형제 자손 17명은 참형되거나 유배되었는데 설리는 장남 승규의 아들 행남을 몰래 가까운 친척이 사는 충청도 회덕과 전북 무주, 위도 등지로 피신시켜 후손을 계승할 수 있게 했다고도 전합니다. 계유정난 후 『단종실록』 단종 3년 4월 9일 기록에는 "시녀 충개가 받은 김종서 첩의 집을 환수하여 최습의 집으로 내려 주었다"고 하는데 여기에 나오는 김종서의 첩이 설리를 말하는 것인지 아니면 또 다른 첩을 말하는 것인지는 확실하게 알 수는 없어요.

김종서 유허지의 옛 주소를 보면 충청남도 공주군 요당면 동혈산 하요당리로 나옵니다. 유허지란 역사적 기록만 있고 그 장소에 유물과 문화재가 없는 옛 지역을 말해요. 김종서는 순천 김씨인데 순천 김씨가 공주 지역에 살게 된 것은 김종서의 할아버지인 김태영 때부터예요. 김태영은 순천에 살고 있었는데, 순천과 한양을 오가기가 힘들어 중간에 집을 마련한 곳이 공주 요당마을이었던 것이에요. 손자인 김종서는 1383년(고려 우왕 9

년)에 이곳 요당마을인 월곡리에서 태어났어요. 실록에는 물론 이러한 출생이나 고향 이야기가 안 나옵니다. 다만 실록에 김종서의 아내 파평 윤씨에 대한 기록으로 미루어 짐작해 볼 수 있어요. 그렇다면 김종서가 정기를 받고 태어난 동혈산이 어디일까요? 동혈산은 지금의 천태산이에요. 천태산은 마치 이국의 산처럼 웅장하게 생겼어요. 산이 수려하고 정기가 있으며, 명당의 기운을 가지고 있다고 해서 천태산이라 불러요. 『조선지형도』에는 천태산이 동혈산으로 나와요. 공주의 동쪽에 있다고 하여 동혈산(東穴山)이라 하다가, 일제강점기에는 일본인들이 이곳에서 구리가 발견됐다고 해서 동혈산(銅穴山)으로 바꾸어 불렀어요. 광복 후에는 다시 원래의 이름인 동혈산(東穴山)으로 바뀌었어요. 공주『공산지』기록에 의하면 공주지방은 방위에 따라 4개의 혈사(穴寺)가 있는데, 이 사찰은 동쪽에 있는 혈사라 하여 〈동혈사〉라고 불렀다고 해요. 〈동혈사〉는 신라의 고승 원효대사가 수도한 곳이기도 해요. 이곳 〈동혈사〉에는 TV 전설의 고향에도 나왔던 쌀 바위에 얽힌 전설이 하나 있는데 김종서 장군이 태어난 동네와 연관도 있고, 또 김종서의 무덤 주산이 천태산이라고 하니 한번 옮겨 볼게요.

〈동혈사〉절 옆으로 구멍이 크게 뚫린 바위가 하나 있는데 이 바위에는 다음과 같은 전설이 내려오고 있어요. 이 절의 스님은 탁발하지 않고 오직 수행에만 전념할 수 있었는데, 그 이유는 바위 구멍에서 끼니때마다 딱 한 끼 분의 쌀이 쏟아져 나왔기 때문이에요. 소문은 월곡리 마을에 쫙 퍼지게 되었어요. 월곡리에는 성질이 괴팍하고 욕심이 많은 사람이 한 명 살고 있었어요. 그는 집이 찢어지게 가난하였어요. 다행히 그에게는 부자 친구가 있어서 그 친구의 덕으로 하루하루 살고 있었지요. 그런데도 그는 부자 친구에게 불만이 많았어요. 자기보다 다른 사람을 더 많이 도와주는 것 같았기 때문이에요. 급기야 그는 자기를 도와주는 부자 친구를 헐뜯고 모함했어요. 그러나 속이 후련하지 못하였어요. 빨리 부자가 되는 것만이 친구에게 앙갚음하는 것으로 생각했어요. 어느 날 밤 그는 흉기를 들고 〈동혈사〉로 올라갔어요. 그리고는 두 손을 합장한 채 염불을 하는 스님을 그만 살해하고 말았어요. 그리고는 곧바로 쌀이 나오는 바위틈으로 달려가 구멍을 크게 팠어요. 많은 쌀을 단숨에 얻어 벼락부자가 되고 싶었기 때문이에요. 그런데 어떻게 된 일인지 기다리는 쌀은 나오지 않고 검붉은 피가 콸콸 쏟아져 나오는 것이 아니겠어요? 그러더니 하늘에서 갑자기 천둥이 치더니 벼락이 내렸어요. 그는 벼락에 맞아 그 자리에서 죽고 말았어요. 지금도 바위에는 커다랗게 뚫린 구멍이 남아 있답니다.

〈동혈사〉의 전설 속 마을인 월곡리에서 김종서 장군은 태어났는데, 마을 사람들은 장군의 유허지를 '정승의 집터'라고 불렀어요. 유허지 가운데는 1980년에 세운 행적비가 있고 행적비 위로는 유허비가 세워져 있습니다. 공주 지역에 김종서의 집과 농장, 선대 묘소가 있었음을 전하는 『세종실록』 세종 21년 윤 2월 15일에 보면, 충청도 관찰사에게 전하기를, "함길도 절제사 김종서의 아내가 지금 공주에 살면서 오랜 질병으로 고생하니, 어육의 종류는 다소를 논하지 말고 연속하여 주어 섭양하게 하라."고 하였어요. 유허지 옆에는 의당 초등학교가 자리하고 있어요. 의당 초등학교는 1927년 개교할 당시에 김종서의 유허지 부근을 확보해서 학생들의 교육 장소로 보존해왔다고 합니다. 1981년 공주시에서 그곳에다 유허비를 세우고 주변을 정리했어요.

유허지와 가까운 국사봉 자락의 남쪽에는 김종서의 묘가 있어요. 이곳은 2012년 세종시 출범으로 충남 공주시에서 세종시로 편입된 곳이에요. 김종서의 묘소가 이곳 대교리 밤실에 있다는 것 또한 실록 어느 곳에서도 보이지 않아요. 그런데 바로 이 묘역에는 김종서의 할아버지인 김태영과 그의 아버지 김수의 묘소가 있어요. 그리고 마을 사람들은 이곳에 김종서의 무덤이 있다고 전해져 내려오고 있다고 해요. 이 묘소와 관련된 기사가 실록에 기록돼 있어요.

좌의정 김종서가 장차 충청도 공주에 가서 소분(掃墳)하고자 대궐에 나아가 하직하니, 빈청에서 음식을 대접하고 마장 1부를 하사하였다. 이때 그를 전별하는 사람은 도성을 다하다시피 하였고, 경기·충청의 두 도에서 그의 행차에 공억(供億)한 비용은 전후에 비교할 것이 없었으며, 군현에서도 뇌물이 잇달아서 끊어지지 않았다.

— 『단종실록』 단종 즉위년 12월 15일

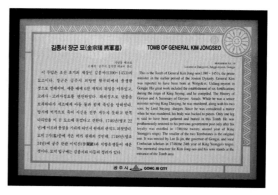

출생연도가 잘못 기재된 예전 공주시 안내판

출생연도가 잘못 기재된
장군면 묘소 입구 안내판

석물이 많은 장군의 묘소

소분은 경사로운 일이 있을 때 조상의 산소를 찾아가 돌보고 제사를 지내는 일을 말해요. 그가 조상의 묘소가 있는 공주에 행차한다는 이야기예요.

김종서 묘 입구에 세워진 안내판에는 그의 출생연도가 잘못 기재되어 있어요. 지금 공주에 있는 유허지에도 1383년으로 되어 있고 많은 자료에도 1383년으로 안내되어 있는데 김종서 묘 입구에 세워진 안내판에는 1390년생으로 기록되어 있어요. 조사를 해보니 예전의 공주시 안내판에 잘못 기록되어 있었네요.

장군의 묘소로 가는 길 오른쪽에는 영조 22년에 세워진 김종서와 두 아들의 충신 정려각이 있었다고 해요. 지금의 정려각은 공주시에서 시행한 김종서 묘역 정화사업의 하나로 서산에 보관하고 있던 현판을 옮겨와 1981년에 건립한 것이에요. 정려각을 지나 장군의 묘소로 가는 입구 왼쪽으로는 신도비가 있어요. 1987년 세워진 김종서 신도비 또한 원래는 이곳이 아니었으나 역사공원으로 조성되면서 정려각과 함께 옮겨졌다고 합니다. 이 신도비는 다른 곳과 다른 것이 있는데 일반적으로 신도비의 받침돌이 거북이인데 이곳은 특이하게 두꺼비로 되어 있어요. 마을 입구의 지형이 풍수지리상 지네 형상을 하고 있어서 거북이가 아니라 지네와 서로 상극인 닭과 두꺼비 중에서 두꺼비의 형상으로 만들었다고 해요. 좌측에 있는 신도비를 지나 산길을 한참 올라가면 비로소 김종서 장군의 묘소가 나와요. 장군의 묘소에는 상석, 동자석, 문인석, 망주석 등 지나치게 많은 석물이 놓여 있어요. 묘비도 세 개나 있는데 그중 가장 오른쪽에 있는 작고 낡은 비가 원래의 것이에요. 영조 24년에 공주 판관 이익진과 지방 유생들이 세운 것이에요. 좌측의 비는 최근에 건립되었고, 가운데 것은 1963년에 건립되었다고 해요.

김종서의 문학세계

세종임금은 우리 민족이 가장 존경하는 인물이에요. 우리는 그의 업적 중 최고를 훈민정음 창제라 생각합니다. 그런데 조선 시대의 평가는 그렇지 않았나 봐요. 훈민정음 창제보다도 영토 확장을 더 높이 평가했어요. 세종의 묘호에 있는 세(世)는 영토 확장을 한 왕에게 붙이는 이름이거든요. 세종의 4군 6진 회복으로 알고 있는 북방영토회복에 함께한 인물이 바로 김종서입니다. 그의 시조 중에서 널리 유명한 시조는 "삭풍은 나무 끝에 불고"일 거예요. 이 시조는 따로 제목이 없는데 작품에 호기로운 기상을 잘 나타냈다고 해서 사람들이 '호기가(豪氣歌)'라고 부른답니다. 「호기가」는 6진을 회복할 당시 북방을 지키며 읊은 시조라고 해요.

삭풍(朔風)은 나무 끝에 불고 명월(明月)은 눈 속에 찬데,

만리변성(萬里邊城)에 일장검(一長劍) 짚고 서서

긴파람 큰 한소리에 거칠 것이 없어라.

― 김종서, 「호기가(豪氣歌)」

삭풍은 북쪽에서 불어치는 찬바람을 말합니다. 명월은 밝은 달이란 뜻이에요. 만리변성은 서울에서 아주 멀리 떨어져 있는 변방의 성루란 뜻으로, 여기서는 김종서가 지키던 함경도의 육진을 가리킵니다. 일장검은 한 자루의 긴 칼이고, 파람은 휘파람의 옛말이에요. 한소리는 한마디 소리가 아니고 크다는 뜻이에요. 「호기가」는 차가운 북풍이 나뭇가지의 끝 가지를 울리는, 눈이 시리도록 흰 눈이 세상천지를 하얗게 덮은 모습을 그렸어요. 그 시린 눈 위로 겨울 달이 환하게 비치는 밤의 풍경을 노래하고 있어요. 한양에서 멀리 떨어진 황량한 변경을 지키며 오랑캐를 노려보고 있는 용맹한 장수의 모습이 그려지나요? 을씨년스럽고 고독한 풍경 앞에서 긴 칼을 차고 휘파람을 불며 큰 뜻을 생각하는 김종서의 강한 기상이 보이는 작품이에요. 김종서 역사 테마공원에 있는 〈진무문〉에는 「호기가」 외에 또 하나의 작품이 걸려 있어요.

장백산에 기를 꽂고, 두만강에 말을 씻겨

썩은 저 선비들아, 우리 아니 사나이냐?

어떻다 인각화상에 누가 먼저 걸리리오.

― 김종서, 「장백산에 기를 꽂고」

장백산은 백두산을 부르는 또 다른 이름이에요. 조선 시대에는 이 둘을 혼용해서 썼어요. 금강산도 봉래산, 풍악산, 개골산 등 다양한 이름을 가지고 있고, 북한산 또한 삼각산이라는 별칭이 있듯이 하나의 산을 여러 이름으로 부르는 것은 이상한 일이 아니에

장군의 시가 걸려 있는 진무문

요. 장백산과 백두산을 전혀 다른 산으로 기록한 『고종실록』 1903년 고종 40년 3월 19일 "함경북도 경성군에 장백산이 있다"라는 기록도 있어 우리를 잠시 헷갈리게 했지만, 지역에는 같은 이름의 산도 여럿이 있는 경우를 우리는 종종 봐 왔잖아요?

이 시조는 그가 함길도 관찰사로 있을 때, 두만강 유역의 여진족을 몰아내고 우리의 6진을 다시 회복할 당시에 읊은 것으로 『해동가요』에 실려 전해옵니다. 이곳에 나오는 장백산은 당연히 백두산을 말하는 것이에요. 초장의 '장백산'과 '두만강'은 좋은 대구를 이루며 우리의 국토를 나타내고 있어요. 중장에서는 "썩은 저 선비들아"라며 선비들을 낮추고 상대적으로 무인들을 추켜세우고 있어요. 나라를 수호하는 무인이야말로 사내대장부가 아니냐는 것이지요. 종장에서는 우리 무인들이 큰 업적을 세웠으니 공신으로서 이름을 남겨야 하지 않겠는가 하는 당당함을 보입니다. 인각화상은 중국 한나라 때에 공신의 초상을 그려서 걸어 놓던 사당인데 이곳에 초상이 걸리게 되는 것을 커다란 영광으로 여겼다고 해요. 실제로 공을 세운 사람은 공신에 오르지 못하고 썩은 선비들이 공신이 되어 활개 치고 다니는 당시의 세태를 고발한 작품이라고도 볼 수 있어요. 역사에 가정은 없지만 만일 김종서가 6진을 회복할 당시 우리의 국력과 군사력이 조금만 더 강했더라면 어떠했을까요? 고구려와 발해의 옛 터전인 만주 대륙을 온전히 수복할 수 있지 않았을까요? 기록에 의하면 당시 김종서는 빨리 한양으로 불러 달라고 세종 임금에게 여러 차례 편지를 써서 호소하기도 했지만, 절제사로 일하는 동안에는 변경에서 고생하는 군사들을 늘 배불리 먹이는 등 군사들에게 파격적인 대우를 했다고 합니다.

> 강가에서 손님을 보내니 이별의 한 깊어라
> 곡조가 처량하여 노래 다 부르지도 못하네
> 하늘이 바람 불어 군대의 진격 막으시니
> 저녁녘 대동강에는 물결만 높이 일렁이네
>
> — 김종서, 「남포」

김종서의 「남포」는 비교적 잘 알려지지 않은 작품이에요. 그러나 문학적 완성도가 높은 수작입니다. 남포는 대동강에 있는 포구예요. 시인은 대동강 강가에서 군대를 이끌고 북방으로 떠나려고 하고 있어요. 가족들은 마지막이 될지도 모르는 남편이나 자식에게 작별을 고하고 있어요. 가족의 이별 모습에 하늘도 바람을 일으켜 하루 더 시간을 허락합니다. 이런 모습을 지켜보는 김종서의 심정도 편안하지가 않아 보여요. 남포에서의 이별은 한을 남기고, 눈물을 남겨서 저녁 대동강 물결이 더 높아졌다고 노래하고 있어요.

이번에 볼 김종서의 작품은 수양에게 모함을 당한 작품이에요. 수양이 주장하기를, 김종서가 몰래 이용(안평대군)에게 준 작품인데, 내용이 민심을 모아서 반역을 꾀하라는 내용이라는 거예요. 그러나 당시의 기록을 살펴보면, 김종서가 안평대군과 손을 잡고 역모를 꾀했다는 증거는 수양이 주장하는 저 작품 외에는 없어요. 시는 중의적이고 은유적인 표현을 쓰기 때문에 해석에 따라서 오해의 소지가 있을 수 있어요. 그러나 김종서는 그 후에 안평대군에게 빨리 역모를 일으키라고 부추기는 행동이나 그런 내용을 담은 시를 주지는 않았답니다. 여러분도 한번 읽어보고 판단해 보세요.

큰 하늘이 본래 적료(寂寥)하니

현모한 조화를 누구에게 물으랴!

사람의 일이 진실로 어그러지지 않으면

비 오고 볕 나는 것이 이로 말미암아 순응한다.

바람을 따라 도리(桃李)에 부딪히면

작작(灼灼)) 하게 화신(花信)을 재촉하고

축축하게 젖는 것이 보리밭에 미치면

온 지역이 고루 윤택하여진다.

－『단종실록』, 1452년 단종 즉위년 6월 30일

적료(寂寥)는 '적요하다'의 원말로 적적하고 고요하다는 뜻이에요. 도리(桃李)는 순수하게 복숭아와 오얏일 수도 있고, 도리성혜(桃李成蹊)의 준말로, 복숭아와 자두나무 아래에는 향기로운 열매를 따려는 사람들로 인해 저절로 길이 생긴다는 뜻의 은유적인 표현으로 볼 수도 있어요. 그러니까 덕이 있는 이는 가만히 있어도 주변에 사람이 모인다는 비유의 말로 읽힐 수도 있다는 것이지요. 작작(灼灼)하다는 말은 꽃이 핀 모양이 몹시 화려하고 찬란한 것을 말하며, 화신(花信)은 꽃이 피었음을 알리는 꽃소식을 말합니다. 어떤가요? 수양의 주장이 일리가 있다고 생각하나요? 아니면 과한 해석인가요?

이 외에도 김종서의 문학사적 업적 중 최고라고 할 수 있는 것은, 『고려사』와 『고려사절요』, 『세종실록』의 편찬일 겁니다. 세종은 권제, 안지 등이 맡아 하는 『고려사』 개수 작업이 미비한 것을 보고 1449년 김종서, 정인지 등에게 고쳐 쓰기를 명하였어요. 이때 집필과 교열을 맡은 이들은 김종서 외에는 모두 집현전의 학자들이었어요. 김종서는 집현전 출신이 아니면서도 당시 최고 수준의 집현전 학사들을 지휘해 『고려사』 편찬의 책임을 맡은 거예요. 그는 1451년 새로 편찬된 『고려사』를 왕에게 올리는 자리에서 편년체의 『고려사』 편찬을 건의합니다. 왕이 허락하자 그는 1451년 고려사를 날짜별로 정리한 역사서 『고려사절요』 35권을 5개월 만에 주도적으로 편찬했어요. 이때 함께한 학자들은 김종서 외에도 17명이 참여했답니다. 같은 해 『세종실록』의 편찬 때에도 김종서는 책임관으로 임명되었답니다.

파란만장에서 승승장구까지의 관직 생활

김종서는 고려 말인 1383년(고려 우왕 9년) 충청남도 공주군 의당면 동혈산 요당리 (현재 월곡리)에서 태어났어요. 의당이라는 이름은 의랑과 요당의 이름을 따서 의당면 이라 했는데, 이곳에는 용이 백 년마다 승천한다는 요당이라는 못이 있어요. 용이 승천 할 때마다 뛰어난 인물이 탄생한다는 전설이 깃든 곳이에요. 김종서의 본관은 순천이고 자는 국경이며 호는 절재예요. 그래서 세종시 도로 이름에는 김종서의 호를 사용한 '절 재로'가 있답니다.

그의 할아버지는 김태영이고, 아버지는 김수이며, 어머니는 성주 배씨 배규의 딸이 에요. 그러나 많은 자료에서 김종서의 정보가 잘못 기재되어 있어요. 『민족문화대백과 사전』을 비롯한 안내 서적이나 각종 포털자료를 찾아보면 아버지 이름이 도총제 김추 (金錘)로 잘못 나옵니다. 심지어 시에서 발행한 홍보책자에도 아버지 이름이 김추로 잘 못 나왔어요. 한번 잘못 올라간 정보는 계속해서 퍼져 나가기 때문에 고치기가 쉽지 않 아요. 처음에 누군가가 아버지 김수(金陲)를 김추(金錘)로 잘못 읽으면서 벌어진 일일 거예요. '언덕 阝(부) 변의 陲(변방 수)'를 '쇠 金(금) 변의 錘(저울추)'로 잘못 읽은 것이 지요. 또 출생년도에는 1383년 설과 1390년 설이 있는데 『문종실록』문종 1년 11월 28 일 기록을 보면 "우의정 김종서가 내년에 나이 70세가 된다고 하여 벼슬에 나오지 아니 하니, 출사하도록 명하였다."라고 하였어요. 문종 10년이면 1451년이니까 계산해 보면 1383년이 정확한 출생년도가 되는 거예요. 그런데 책자 및 떠돌아다니는 많은 자료에서 는 그의 천재 설을 증명하기 위해서인지 1390년생이고 16살에 급제한 천재로 나오는 경 우가 많이 있답니다. 그뿐만 아니라 순천 김씨인 그가 순천에서 태어났다는 정보 또한

세종시 절재로

떠돌아다니고 있어요. 순천 출생을 주장하는 학자까지 있으나 순천 김씨 족보에도 공주 월곡리에서 태어났다고 적혀 있어요. 김종서는 세종시 전의면과 전남 순천에서 유년기를 잠시 보냈다고는 합니다.

그의 할아버지 김태영은 고려 시대 병조판서를 지낸 분이고, 아버지 김수는 도총제를 지냈어요. 이런 명문대가 출신인 그는 1405년 태종 5년 대과인 문과에 급제해 벼슬길에 오르게 됩니다. 그러나 실록에 이름이 등장하는 것은 과거에 급제한 지 10년이 지난 33세부터입니다. 『태종실록』 태종 15년 4월 21일 기록에는 순패(巡牌)를 주는 데 친히 관여하지 않았다고 해서 김종서에게 태형 40대를 수속(收贖)하고 관직을 파면시켰다고 해요. 순패는 야간순찰업무를 지휘한 임시 군관이 밤에 거리를 순회할 때에 차고 다니던 둥근 모양의 패를 말해요. 수속은 직접 매를 맞는 것이 아니라 돈으로 대신 내는 것을 말하니까, 김종서는 직접 매를 맞은 것이 아니라 태형 40대에 해당하는 돈을 지불하고 파직당했다는 얘기입니다. 파직당한 김종서가 언제 다시 복직했는지는 알 수 없으나 『태종실록』 태종 18년 1월 17일에 보면 다시 또 죽산 현감 김종서에게 각각 태 50대를 때려서 환임(還任) 시켰다는 기록이 나와요. 환임은 본래의 직책으로 다시 임명하는 것을 말하니까 이번에는 수속이 아니라 직접 매 50대를 맞고 다시 죽산 현감으로 복귀했다는 말입니다. 이렇게 수난을 겪은 김종서는 세종임금 대에 와서야 비로소 사헌부 감찰이 되고 강원도 행대감찰로 파견됩니다. 『세종실록』 세종 1년 1월 6일, 그는 원주, 영월, 홍천,

인제, 양구, 금성, 평강, 춘천, 낭천, 이천, 회양, 횡성 등지의 굶주린 백성 7백 29명에게 조세를 면제해 달라고 요청합니다. 세종은 김종서의 말대로 따랐어요. 열흘간의 강원도 감찰을 끝내고 1월 17일 조정으로 복귀한 김종서는, 경차관 김습이 흉작을 풍작으로 꾸미며 과중하게 간평(看坪)했다고 보고했어요. 경차관은 주로 곡식의 손실을 조사하고 민정을 살피는 일을 맡아서 하는 자이고, 간평은 농작물을 수확하기 전에 미리 작황을 조사하여 소작료 율을 결정하던 일을 말해요. 김종서의 보고에 세종은 김습을 엄중히 처벌하라고 명령을 내립니다. 이때부터 세종은 정확하고 거침없는 김종서의 능력을 인정하여 그를 또다시 충청도 행대감찰로 파견합니다. 그의 고향인 충청도에서의 그의 활약상이 실록에 실려 있어요.

> 굶주리는 집 백 호로 한 집단을 만들고 관원 한 사람으로 하여금 주장케 하고, 또 백성
> 은 굶주리는데, 농사도 바야흐로 시작되고 한강 물은 얕아 가니, 경원창의 수송 사업을
> 정지하게 하여 주시옵소서.
>
> – 『세종실록』 1419년 세종 1년 4월 4일

경원창은 경상도 지역의 세곡만을 별도로 보관하여 경창으로 운송하는 기능을 담당하였던 충주에 있는 조창을 말해요. 세종은 집을 백 호로 한정한다면 시행하기 곤란하니, 100리를 1촌, 1,000리를 1척으로 기준한 이수(里數)로 표준하자는 호조 참판 이지강의 말을 받아들이고 그대로 시행하라 했어요. 수송하는 일에서도 이미 실어 놓은 선박 이외는 모두 정지하도록 하였어요. 또 5월 10일의 보고에는 "도내 각 관청에 기민(飢民)이 남녀 장정과 약한 자 모두 12만 2백 49명인데, 진제(賑濟)한 쌀이 1만 1천 3백 11석이고, 장(醬)이 9백 49석이라."라고 꼼꼼하게 조사한 내용을 보고합니다. 기민은 굶주린 백성이라는 뜻이고, 진제는 진휼과 같이 전쟁, 질병, 재해 등으로 굶주리는 백성들을 돌보고 구원하는 것을 말하며, 장은 간장, 고추장, 된장 등을 말해요. 세종임금은 김종서의 보고대로 각도 감사에게 명하여, "병이 있는 집에는 등급을 높여서 진제하게 하라."고

편지 쓰는 김종서

명령을 내려요. 행대감찰로 능력을 인정받은 김종서는 37세가 되는 1419년 세종 1년 10월 24일에 사헌부 감찰과 직급이 같은 정 6품 사간원 우정언에 임명됩니다. 사간원은 간쟁을 담당하는 관청이에요. 김종서는 이곳에서 3개월 정도 근무하고, 38세인 1420년 세종 2년 윤1월 13일 종 5품으로 승진하여 광주 판관에 임명되었어요. 이곳에서 3년 정도 근무한 김종서는 41세 되는 1423년 세종 5년 1월 19일 의주, 삭주도 경차관 봉상판관의 직책으로 각 도의 진제를 맡아 길을 떠납니다. 봉상시 판관은 종 5품직이에요. 같은 해인 1423년 5월 27일에는 승진하여 정 5품직인 사간원 우헌납에 임명됩니다. 헌납은 임금에게 충언을 올리는 직책이에요. 12월 22일에는 정5품 사헌부지평에 다시 임명됩니다. 사간원이 왕에 대한 간쟁을 담당하는 기관이라면, 사헌부는 관료들을 감찰하고 탄핵

하는 기관이에요. 김종서가 43세가 되는 1425년 세종 7년 윤7월 24일에는 정5품직인 이 조정랑으로 근무하고 있어요. 이때의 내용은 세종임금의 병이 깊어져서 김종서를 포함한 대신들이 종묘사직과 산천에 기도하고 부처를 모신 절에도 기도하려고 하였는데, 임금이 이 소문을 듣고 중지시켰다는 것이에요. 김종서의 나이 45세인 1427년인 세종 9년 2월 25일에는, 정4품 관직인 의정부 사인으로 황해도에 새로 설치한 영강진의 민정을 살피러 파견됩니다. 의정부 사인은 국왕과 의정부 사이에서 의견을 조율하는 일을 했어요. 같은 해 세종 9년 8월 10일에는 종3품으로 승진하여 중국에 사신 갈 때 행대감찰을 보내는 일 등에 대해서 사헌부 집의로서 의견을 말하고 있어요. 특히 양녕대군에게 잘못이 있으니 죄를 주자고 13번이나 상소하였다가 4개월 후인 1428년 세종 10년 2월 7일 전농윤으로 좌천됩니다. 이후 47세인 1429년 세종 11년 9월 30일 우부대언에 임명됩니다. 48세 되는 세종 12년 8월 16일에는 우대언에 임명되고, 8개월 후인 세종 13년 4월 10일에는 좌대언으로서 임무를 수행하고 있어요.

김종서가 51세 되는 1433년 세종 15년 12월 9일에는 이조 우참판에 임명되어 종2품 관직인 함길도 관찰사로 파견됩니다. 함길도는 함경도의 다른 이름이에요. 당시에 함경도 지역은 우리땅임에도 여진족이 많이 살고 있던 곳이에요. 12월 18일 함경도 지역으로 떠나려고 하직 인사를 하러 온 김종서에게 임금은 모의(毛衣)와 모관(毛冠)을 하사합니다. 김종서가 53세인 1435년 세종 17년 3월 27일에는 군사를 지휘하는 함길도 병마도절제사로 임명됩니다. 그로부터 7개월 후인 세종 17년 10월 12일 김종서는 어머니의 부음 소식을 듣고 한양으로 올라옵니다. 세종은 한 달이 채 안 된 11월 10일 김종서에게 함길도로 돌아가라고 명을 내립니다. 김종서가 55세인 1437년 세종 19년 4월 3일 임금은, 김종서에게 홀라온에 간첩을 행하는 계책을 자세히 보고하도록 명을 내려요. 홀라온은 후란하를 중심으로 거주한 여진인 집단을 가리킵니다. 김종서는 읍성을 쌓아 백성들이 안심하고 살 수 있도록 힘썼고 여진족을 귀화시키는 일에 전력을 다했어요. 함길도에서 7년간 근무한 김종서는 58세인 1440년 세종 22년 12월 3일 형조 판서로 승진돼 드디어 한양으로 올라옵니다.

형조판서로 임용된 지 채 1년이 안 된 세종 23년 11월 14일에는 예조판서로 자리를 옮겨요. 예조판서로 5년 정도 근무한 64세 되는 1446년 세종 28년 1월 24일 의정부 우찬성 겸 종1품직인 판예조사로 승진됩니다. 1449년 세종 31년 1월 28일에 세종은 김종서 등에게 『고려사』 개편을 명합니다. 같은 해인 1449년 세종 31년 8월 1일 요동통사로부터, 달달 야선의 병마가 성을 포위하기를 세 겹이나 하여 군졸 1천 명과 말 8천 필이 사로잡혔고, 또 광녕에서 요동까지의 참로에 사람과 말을 빼앗기고 노략질당하여 거의 다 없어졌다고 보고를 받습니다. 사태의 심각성을 인지한 세종은 이튿날인 8월 2일 67세인 김종서를 평안도 도절제사로 임명하여 군사를 지휘하도록 명합니다. 명을 받은 김종서는 이튿날인 3일 요동으로 출발해요. 세종은 밤낮으로 변방을 지키는 일에 고생한 68세인 노령의 김종서에게, 1450년 세종 32년 2월 11일 군사를 거느리고 올라오라고 명합니다. 그러나 세종은 김종서가 한양으로 도착하기 전인 1450년 세종 32년 2월 17일 그만 세상을 떠나고 맙니다.

세종의 뒤를 이은 문종은 2월 22일 즉위했어요. 문종은 변방에서 고생한 김종서에게 1450년 즉위년 7월 6일 종1품인 숭록대부 의정부 좌찬성으로 승진시킵니다. 5개월 후인 1450년 12월 13일 김종서는 평안도 도체찰사가 되어 평안도로 갑니다. 문종은 12월 20일 모상을 당한 김승규를 탈상하게 하여 변방의 김종서에게 보냅니다.

요사이 날씨가 점점 따뜻하여 강물이 급한 곳에는 얼음이 이미 풀렸고, 느리게 흐르는 곳에는 얼음이 점점 얇아져서 비록 적의 성식은 끊어지지 아니하였을지라도 방비가 얼음이 단단한 때에 비하면 조금 풀렸으니, 청컨대 입보(入保)한 백성들을 차차 그 집으로 돌아가서 농사를 다스리게 하소서

－『문종실록』 1451년 문종 1년 2월 2일

김종서는 1451년 문종 1년 2월 2일 평안도에서 임금에게 편지를 올립니다. 날씨가 따

뜻하여 얼음이 풀렸으니, 백성들을 집으로 돌아가게 해 농사를 다스리게 해달라는 것과, 도내 각지 성문의 문짝을 살펴보니 대개 튼튼하지 못하니 겹문짝을 설치하여 만전을 기하자고 하는 내용이에요. 입보는 백성들을 보호하기 위해 거주지를 보 안으로 옮겨 살게 한 것을 말해요.

문종은 김종서의 의견을 받아들여 2월 7일 방어하는 군사 외에 모두 파하여 생업을 잃지 않도록 보내라고 명령해요. 이어서 2월 13일에는 각 고을에 모두 벼슬아치의 자제가 있고 또 갑사(甲士)로서 근무하는 자들이 있으니, 수령이 만약 잘 어루만지고 또 잘 훈련시키면 이들이 모두 정병(精兵)이 될 것이라는 김종서의 변방대책 건의안을 채택합니다. 갑사는 일종의 직업군인을 말하는 것인데 조선시대에도 돈을 받고 군인이 된 사람들이 있다니 신기하지요? 김종서의 변방대책 건의안을 받아들인 문종은 같은 날인 2월 13일 강의 얼음이 풀려서 방어가 수월하니, 의주에 읍성을 쌓고 참호를 파는 등의 일은 종사관에게 맡기고 한양으로 올라오라고 명합니다. 명을 받은 김종서는 1451년 문종 1년 3월 13일 한양에 도착해요. 4월 3일 김종서는 임금에게 잣골에 읍성을 쌓아 긴요한 관방으로 삼자고 아룁니다. 4월 12일 문종은 김종서, 황보인을 불러 평안도의 방어가 가장 긴요하니, 각 고을의 성을 굳게 쌓아야 하겠다며 방법을 의논하여 아뢰라고 명합니다. 김종서는 6월 5일 화차를 미리 만들어서 익혀야 한다고 아뢰고, 6월 21에는 방어 기구로써 활의 긴요함을 아룁니다. 다만 여름철에는 활의 아교가 녹아 쓰지 못하는 것에 염려를 합니다. 69세인 1451년 문종 1년 7월 2일에는 정2품인 지성균관사로 임명됩니다. 8월 25일에는 3년에 걸쳐 새로 편찬한 『고려사』를 바치며, 번거로운 글을 줄여 연대순으로 사실을 기록한다면 읽어 보기가 편리할 것이라고 건의합니다. 1451년 문종 1년 10월 27일 김종서는 69세인 노령임에도 우의정으로 임명돼요. 김종서의 나이 70세인 1452년 문종 2년 2월 20일에는 새로 편찬한 『고려사절요』를 임금에게 바칩니다. 사실 김종서는 『세종실록』의 편찬도 주도했던 인물입니다.

문종은 1452년 5월 14일 유시에 강녕전에서 39세의 나이로 그만 세상을 뜨고 말았어요. 문종의 뒤를 이어서 12살의 어린 단종이 왕위에 올랐어요. 왕의 나이가 어리면 보통

대왕대비나 왕대비가 수렴청정을 하는데 단종에게는 수렴청정을 할 수 있는 어른이 없었어요. 단종의 할머니인 소헌왕후는 할아버지 세종보다 먼저 세상을 떠났고, 단종의 어머니 현덕왕후는 단종을 낳고 세상을 떠났고. 할아버지 세종의 후궁인 혜빈 양씨가 어린 단종을 돌봐주었으나, 그녀는 후궁이라서 수렴청정의 자격이 없었어요. 이러한 상황에서 계유정난이 일어났던 것이에요. 이 사건으로 김종서는 71세의 나이로 세상을 뜨고 말았어요.

북방영토확장의 주역 김종서

우리는 우리 민족은 이민족의 침략만 받아왔지 다른 민족을 침략한 적은 없다고 말을 하곤 합니다. 그러나 고조선 때부터 우리는 끊임없이 영토개척을 시도해왔어요. 한때 고구려, 발해가 있던 곳, 현재의 중국 만주지역을 점령했었던 민족이 바로 우리입니다. 그리고 그 만주지역에서 우리 민족과 늘 다투어오던 부족이 여진족이에요. 여진은 오랫동안 만주지역에 살았던 민족이에요. 여진은 발해의 구성원이었던 말갈의 후손들로, 발해가 멸망한 이후에도 계속 만주 지방에 살았어요. 그들은 삼국시대에는 말갈, 고려 시대에는 여진, 조선 후기에는 만주족이라고 불렀어요.

함경도 지역은 고려 시대에는 여진족의 거주지였어요. 여진의 여러 부족이 통합하여 금나라를 세웠고, 이후 몽골족이 금나라를 멸망시켜 함경도는 한때 몽골족의 지배 안에 있었어요. 몽골의 원나라가 쇠퇴하자 고려 공민왕이 계속 북진하면서 영토를 넓혔고, 이때 이곳 출신 무장 이성계가 여러 차례 여진족을 토벌하여 큰 공을 세우게 됩니다.

우리나라는 삼국시대부터 우리 바로 위에 사는 여진과 함께 살아왔어요. 고려에 활과 말, 모피 등을 조공으로 바치던 여진족은 빠르게 성장해서 수시로 우리를 위협했어요. 1392년 조선이 개국하고 나서 조선의 상황은 약하고 불안정했어요. 조선의 남쪽에는 일

여진족과의 전투장면

본이 호시탐탐 노리고 있었고 북쪽에는 여진이 늘 위협하고 있었어요. 대륙에는 막강한 명나라가 있었고요. 한때는 조정에서 여진이 끊임없이 침략하는 6진 부근을 포기하고 백성들을 남쪽으로 이주시키자는 말도 있었어요. 당시 왕은 세종이었어요. 세종은 우리가 남쪽으로 물러난다고 해도 여진은 조선에 대한 침략을 멈추지 않으리라 생각했어요.

1432년 말 여진 부족 두 곳에서 분쟁이 일어났어요. 혼란한 틈을 노린 세종은 1433년 12월 김종서를 함길도 관찰사로 임명하고 북방 회복을 지시했어요. 6진이라 함은 두만강 하류에 있는 종성, 온성, 회령, 경원, 경흥, 부령의 여섯 진을 말해요. 세종은 여진족의 내분을 이용해서, 우리 땅인 북방 지역에서 여진족을 몰아내고자 함길도 책임자로 김

『북관유적도』에 실려 있는
「야연사준도」
-고려대학교 박물관

종서를 임명한 것이에요.

조선 후기에 편찬된 서화집인 『북관유적도』에는 김종서가 여진을 몰아내고 6진을 회복한 뒤 도순문찰리사로 있을 때의 일화를 그린 「야연사준도」가 있어요. 여기에는 장군의 대범함을 알 수 있는 그림과 그림에 얽힌 일화가 적혀 있어요. 어느 날 김종서는 술과 음악으로 저녁 연회를 베풀고 있는데 화살이 날아와 술통에 적중하였어요. 주위의 사람들이 놀라고 두려워하였지만, 김종서는 "간사한 사람이 나를 시험하였을 뿐이다"라며 침착함으로 연회를 마쳤다고 합니다. 또 음식을 만드는 사람이 음식에 몇 번이나 독약을 넣었으나 죽지 않았다고 해요.

김종서는 51세에 함길도 관찰사로 7년, 67세에 평안도 도절제사로 1년, 총 8년을 북방에서 근무했어요. 이때 세종임금으로부터 '만인혈석'과 '용각'에 대한 조사를 하라는 명령을 받았어요. 내용이 하도 신기하고 재미있어서 옮겨 볼게요.

전일에 장 사신의 말을 들으니, "북방 야인 지방에 사람 천만 명을 잡아먹은 뱀이 있는데, 사람의 피가 뱀의 창자 속에서 단단히 엉키어 돌이 됩니다. '관(鸛)'이라고 부르는 큰 새가 있어서, 그 뱀을 잡아먹고 그 돌을 보금자리에다 남겨두는데, 북방 사람들은 '관'의 보금자리를 뒤지어서 그 돌을 얻으며, 이것을 갈아서 마시면 온갖 병과 골절상이 치료됩니다. 이것을 혹 조정에 바치는 것도 있어서 천자께서 매우 귀중하게 여깁니다." 하였다.

　(…중략…)

　"북방 달단지방의 수목이 없는 곳에, 큰 새가 땅을 파서 보금자리를 만들고 항상 알 두 개씩을 낳습니다. 그중에는 성질이 사납고 새끼 치는데 능한 것은 알을 세 개씩도 낳는데, 이 새는 성질이 거칠고 사나우므로 '만인사(萬人蛇)'도 잡아먹으며, 알을 낳을 때는 뱀 창자에 들어있던 돌도 아울러 낳는데, 그 돌은 보금자리 속의 밑으로 두세 자쯤 들어가게 됩니다. 이 방면에 지식이 있는 자는 알 세 개가 있는 보금자리를 찾아서 땅을 파고 찾아냅니다. 이 돌이 지극히 귀해서 쉽게 구하지는 못합니다." 하였다.

　(…중략…)

　'북방에 수목이 없는 땅이 있고, 새가 땅을 파고 보금자리를 만든다.'라는 것이 첫째로 의심스럽고, 그 말에 큰 새는 곧 황새라 하나, 그런가 아닌가를 또한 믿을 수 없다. 또 새매는 한 종류뿐이 아니니, 고니·매·독수리 종류 같은 것이 아닌 줄 어찌 알겠는가. 이것이 둘째로 의심스럽고, 또 본국 사람은, '사람을 잡아먹는 것은 물뱀이라 한다. 물뱀이 사람을 잡아먹게 되면 양쪽 눈동자와 창자를 먹는다.'한다. 지금 북쪽 뱀은 물뱀인지 육지 뱀인지 알 수 없으며, 또 사람을 먹는 형상을 알 수도 없으니 셋째로 의심스럽고, 또 돌 하나로 과연 천백 가지 병을 능히 치료한다는 것인가. 어떤 병에 더욱 적당한가. 복용하는 방법은 다만 갈아서 마시는 것뿐인가. 모두가 알 수 없으니 넷째로 의심스럽다. 경은 왕래하는 야인에게 자세하게 물어서 아뢰도록 하라.

　도절제사 김종서가 회계하기를,

만인혈석 및 용각 등에 관한 일을 야인 늙은이들에게 물었으나 모두 모른다고 합니다. 오직 마자화의 말은, "북방의 큰 새가 뱀의 창자 속에 들었던 돌을 낳는다는 말은 진실로 듣지 못한 바이며, 다만 전쟁으로 피를 흘렸던 곳에 사람의 피가 엉겨서 돌이 되어 땅속 2, 3자 깊이쯤에 있는데, 이것을 파내어 얻습니다. 그 돌은 약간 누르면서도 검은데, 갈아서 마시면 골절상과 복창증(服脹症)의 병을 치료할 뿐입니다. 개양사람들이 성을 쌓을 때 '만인혈석'을 발견했으므로 내가 이것을 가지고 있습니다."하고, 또 말하기를, "큰 새는 황새가 아니고 속칭 '여이조(汝而鳥)'라고 부르는 것입니다. 비록 수목이 많은 곳이라도 반드시 땅을 파고 알을 낳습니다. 그중에 성질이 억센 것은 알 세 개를 낳는데, 알 세 개가 있는 보금자리 밑에 땅을 파면 반드시 돌이 있고, 그 돌은 흉복통(胸腹痛)을 고칠 수 있습니다. 그런 까닭에 사람들이 알 세 개가 있는 보금자리를 보면 땅을 파서 그 돌을 구하는데도 얻는 자는 매우 드뭅니다." 하였습니다. 그 후에 자화는 '만인혈석'을 가지고 와서 신에게 주는 것이었습니다. 신은 그 돌을 귀화한 사람들에게 내어 보였더니, 모두 말하기를, "이 돌을 간직한 자가 많고 매우 귀한 것이 아닙니다." 하였습니다. 인해서 청구하였더니, 모두 "벌써 잃어버렸다."라고 하였습니다. 또 마파라에게 물었더니 대답하기를, "큰 새는 황새가 아니고 '여이조'입니다. 능히 만인사를 잡아먹는지는 제가 확실히 알지 못하나, 여이조는 반드시 땅을 파고서 보금자리를 만듭니다. 사람들이 알 세 개가 있는 보금자리를 보면 반드시 땅을 파서 그 돌을 구합니다." 하였습니다. 그 말이 김척에게 대답한 말과 다른 점이 있습니다. 파라의 말도 또한 다 믿지 못하겠습니다. 신이 산림에 가서 사냥할 때에 여이조가 땅을 파고 보금자리를 만든 곳을 여러 번 보았습니다. 파라와 자화가 말한 것은 이런 보금자리를 보고서 말한 것이 아닌가 합니다. 알이 세 개 있는 보금자리를 신이 보지 못했으나, '만인혈석'과 '용각'에 대한 일은 한두 사람의 말로서는 믿을 수 없으며, 또한 여러 사람이 모른다고 하여 이런 일이 없다고 할 수도 없습니다. 우선 자화가 준 돌을 진상하오며, 후일에 다시 천천히 캐어물어서 아뢰겠습니다.

－『세종실록』 1437년 세종 19년 11월 22일

김종서의 말 탄 모습

여러분들은 세종 시대 6진의 회복은, 회복이 아닌 개척으로 배웠을 거예요. 우리나라 북쪽 경계가 두만강 연안에까지 미치게 되는 계기가 된 중요한 사건이라고 배웠고, 또 그렇게 배우고 있을 거예요. 우리 국사책 대부분이 '세종이 최윤덕과 김종서 등을 파견하여 4군과 6진을 개척하여 마침내 압록강과 두만강으로 오늘날과 같은 국경선을 확보하였다'라고 기록하고 있으니까요. 그러나 현재까지도 사용하고 있는 조선의 국경이 정말로 압록강과 두만강이 경계였을까요? 4군 6진을 개척이 아닌 회복이라고 하는 이유는, 여러분들이 『조선왕조실록』을 조금만 살펴보아도 고개가 갸우뚱거려질 것이기 때문이에요. 중국은 지금도 동북공정이다 뭐다 하면서 고조선이나 고구려, 그리고 발해사를 자기들의 역사라고 조작하여 우기고 있어요. 그런데 우리는 왜 우리의 역사서에 기록된 사실도 모르는 척하고 있을까요? 그 이유를 여러분들은 반드시 공부해서 찾아내시길 바랍니다.

6진이 있는 북쪽 지방은 자체적으로 농사도 잘되지 않는 곳이었고, 여진족의 침략이 잦았기 때문에 사람들은 그곳으로 이주하려고 하지 않았어요. 조정에서는 이주자에 대해서는 양인일 경우 토관직을 주고, 향리나 역리는 그 역을 영원히 면제하며, 천인은 양인으로 하는 등 파격적으로 우대하여 이주를 권했으나, 자원자가 턱없이 부족했어요. 김종서는 상소하기를 향화인, 즉 외국인으로서 조선에 귀화한 사람들의 자손 역시 이주 대상으로 삼아야 한다고 상소했어요. 결국, 세종은 백성들을 강제로 이주시켰어요. 이곳의 방어선을 튼튼히 하고 꾸준히 백성들을 이주시킨 세종은, 4군 6진을 우리나라의 안정적인 영토로 만듭니다. 이후 조선은 여진에 대해 회유와 토벌의 양면 정책을 취하였어요. 여진족의 귀순을 장려하기 위하여 관직을 주거나, 정착을 위한 토지와 주택을 주어 우리의 백성으로 동화시켰어요. 또한 사절의 왕래를 통한 무역을 허용하였고, 국경 지방인 경성과 경원에 무역소를 두고 국경 무역을 허락하였어요. 그러나 그 후에도 여진족은 수시로 국경을 침입하여 약탈을 자행하였고, 그때마다 조선에서는 군대를 동원하여 이들을 정벌하였어요.

계유정난에서 신원 회복까지 293년

세조는 우리에게 수양대군이라는 군호가 더 익숙한 인물이에요. 영화『관상』은 실제 역사인 계유정난에 가상의 인물인 관상가가 개입되어 이야기를 펼치는 팩션 사극 영화예요. 영화에서 수양은 이리의 상으로 나오고 김종서는 호랑이의 상으로 나와요. 그런데 실제 세조의 어진이 공개되고 나서 많은 사람은 충격에 빠졌어요. 세조의 어진은 선량하고 순박한 이미지였기 때문이에요.

단종 1년인 1453년, 10월 10일 계유정난(癸酉靖難)이 일어납니다. 계유정난의 '정'의 한자는 '편안할 정(靖)'이고 난의 한자는 '어려울 난(難)'이에요. '난'의 한자를 임진왜란, 병자호란 등에 쓰이는 '어지러울 란(亂)'으로 쓴 것이 아니라 '어려울 난(難)'으로 쓴 것이에요. 계유정난은 엄연히 쿠데타이기 때문에 계유정란(癸酉靖亂)으로 써야 하는데 말이에요. 그런데 조선 영조시대 학자인 남기제가 당쟁, 사화, 왜란, 호란 등에 대해 기록한 『아아록 我我錄』에서는 이 사건을 계유사화(癸酉士禍)로 기록했어요.

단종의 즉위 이후 얼마 지나지 않아 수양은 명나라에 사신으로 갑니다. 안평이 사신으로 가겠다고 자청을 했었는데, 수양이 이를 저지시키고 자신이 가게 된 것이에요. 이 사행 길을 통해서 수양은 명나라에 자신을 알리고 인맥을 얻었어요. 또한, 같이 간 신숙주를 완전히 자신의 세력으로 만들었어요. 이 사건으로 인해 김종서 등의 조정 대신들은 수양에 대한 경계심을 풀게 됩니다.

1453년 단종 1년 10월 10일 저녁, 김종서는 시정잡배에 지나지 않았던 임어을운의 철퇴에 맞아 쓰러졌어요. 그러나 그는 그 자리에서 죽지 않았어요. 사극이나 영화에서는 그날 밤 수양 일당에게 죽임을 당한 것으로 나오지만 그날은 죽지 않았어요. 그날 밤 죽은 사람은 김종서가 아닌 장남 김승규였어요. 철퇴를 여러 번 맞아 만신창이가 된 몸이었지만, 단종이 걱정된 김종서는 몸을 추슬러 여복으로 변장하여 도성으로 향했어요. 그러나 이미 도성은 수양의 손아귀에 들어가서 모든 문이 굳게 닫혀 있었어요. 하는 수 없이 김종서는 아픈 몸으로 날이 밝을 때까지 숨어 기다릴 수밖에 없었어요. 김종서가 살아있다는 정보를 입수한 수양은 차남 김승벽의 처가에 몸을 숨기고 있던 김종서를 11일 아침에 찾아냈어요. 압송하려던 군사를 향해 수레를 준비하라고 호령하던 김종서는 군사들에게 붙잡혔어요. 그날 김종서를 비롯한 황보인 등은 역모 죄로 저잣거리에 효시 되었어요. 북방을 호령하던 백두산 호랑이 김종서는 그렇게 허무하게 죽음을 맞이한 것이에요.

> 김종서의 부자, 황보인, 이양, 조극관, 민신, 윤처공, 조번, 이명민, 원구 등을 모두 저자에 효수하니, 길 가는 사람들이 통쾌하게 여기지 않음이 없어 그 죄를 헤아려서 기왓돌로 때리는 자까지 있었고, 여러 사(司)의 비복(婢僕)들이 또한 김종서의 머리를 향해 욕하고, 환시(宦寺)들은 김연을 발로 차고 그 머리를 짓이겼다. 뒤에 저자 아이들이 난신(亂臣)의 머리를 만들어서 나희(儺戲)를 하며 부르기를,
> "김종서 세력에 조극관 몰관(沒官)하네." 하였다. 이날 밤에 달이 떨어지고, 하늘이 컴컴하여지자 유시(流矢)가 떨어졌다.
> – 『단종실록』 1453년 단종 1년 10월 10일

어떤 사건의 진실 여부를 가릴 때 우리는 실록의 기록을 기준으로 삼고 있어요. 그러나 역사는 승자의 기록이라는 말이 있어요. 승리한 자들이 그들의 관점에서 그들의 행동에 정당성을 부여하기 위해서 왜곡하거나 정리하기 때문이에요. 계유정난에 관한 실록에서의 이날의 기록은 고개가 갸웃거려집니다. 다만 사관은 "이날 밤에 달이 떨어지고, 하늘이 컴컴하여지자 유시가 떨어졌다."라는 은유적 표현으로 시대의 상황이나 민심, 사관의 마음을 표현하지 않았나 싶어요. 아무튼, 이후 수양은 도성 사대문과 주요 군 시설, 요충지를 장악하고, 경복궁으로 들어갔어요. 단종을 만나서는 김종서가 안평과 짜고 역모를 꾀했다고 보고하였어요. 그리고 단종의 명을 빙자하여, 조정 대신들을 모두 입궐하게 하였어요. 그날 수양에 협조적이었던 사람들은 살고 반대파로 살생부에 적힌 인물들

은 모두 철퇴에 맞아 살해되었어요.

수양은 정난공신 1등에 자신의 이름을 올렸고, 스스로 영의정부사, 이조판서, 병조판서, 내외병마도통사 등 온갖 직위를 다 겸직하면서 권력을 장악했어요. 단종은 3년도 지나지 않아 숙부인 수양의 힘과 압력을 견디지 못하고, 그에게 왕위를 양위하는 형식으로 왕위를 빼앗기고 말았어요. 계유정난 이후 김종서의 측근인 이징옥이 난을 일으키는 등 민심이 혼란해졌어요. 이 시절의 전설이나 야사를 살펴보면 민심이 단종에게 동정적이었다는 사실을 발견할 수 있어요. 동시에 정2품송이 세조를 위해 가지를 들어주었다거나 문수보살이 세조의 병을 낫게 해주었다는 설화도 존재해요. 그러나 현재까지도 많은 사람은 세조에 대해서 부정적인 이미지를 갖고 있어요. 일부의 사람들은 간혹 왕권 강화라는 측면에서 계유정난을 긍정적으로 평가하기도 해요. 그러나 결과적으로 적장손 왕위 계승이라는 원칙이 무너지고, 42명이나 되는 공신들의 세력이 생겨났기 때문에 오히려 조선의 왕권이 약해지는 계기가 되었다고 할 수 있어요. 수양은 자기가 난을 일으키고 그 난을 극복했다는 공로로 세조의 묘호를 받게 됩니다.

김종서 가문의 족보인 『순천 김씨 대동보』에 따르면, 김종서의 아들은 다섯이에요. 승규, 승벽, 승유, 석대, 목대 순이에요. 승자 돌림의 앞 셋은 적자이고, 뒤의 둘은 서자예요. 1453년 10월 11일 차남 김승벽의 처가에 몸을 숨기고 있던 김종서를 죽인 수양은, 5일 후인 10월 16일 차남 김승벽을 잡아들였어요. 수양 측은 그에게 내란 공모죄를 씌워 사형에 처했어요. 김승유를 제외한 두 명의 적자는 그렇게 세상을 떠났어요. 김승벽의 아내 효의는 예조 참판 홍윤성의 노비가 되었고, 서자인 석대, 목대 또한 계유정난 때 사망했어요. 수양은 김종서의 아들들뿐만 아니라 손자들까지 겨냥했어요. 김승규의 세 아들 중 김조동, 김수동 2명과, 김승벽의 네 아들 중 김석동 외 2명이 계유정난으로 목숨을 잃었어요. 손자들의 경우 나이 16세 이상 된 자는 거제, 남해, 진도, 제주 등의 관노로 보내지고, 15세 이하는 장정이 된 뒤에 관노에 삼는다고 하였어요. 손자 김행남, 김중남, 김팽, 김효달은 은진, 익산, 순창, 담양 등지에서 은거하여 살았다고 해요. 김승규의 아내 내은비, 딸 내은금, 첩의 딸 한금은 영의정 정인지의 노비가 되었어요. 김승규의 딸 숙희는 동지중추원사 강곤의 노비가 되었어요. 유독 3남인 김승유 부자는 화를 모면했는데, 김종서가 삼남 승유에게는 관직을 허용하지 않은 것과 관련이 있는지도 모르겠어요. 순천 김씨 김승유 직계 후손들의 『순천 김씨 대동보』에도 3남 김승유가 몰래 도망쳐서 살아남았다고 기록하고 있어요. 김종서의 자식 중에 김승유 외에도 살아남은 후손이 또 있다는 기록이 실록에 있는데, 영조 2년인 1726년 『영조실록』 8월 6일에는 좌의정 홍치중이, 김익량은 김종서의 자손이 분명하다고 아뢰고 있어요. 송시열의 5대 조부가 김종서의 질녀 사위인데 그가 김종서의 3살 난 아들을 숨겨주어 김종서의 후손이 끊기지 않았다는 것이에요. 어쨌거나 김종서의 셋째 아들 김승유와 수양대군의 딸 세령 공주와의 사랑을 그린 드라마 『공주의 남자』가 방영될 당시(2011년 방영) 많은 사람은 팩션 드라마의 내용을 사실로 받아들였어요. 팩션 드라마는 역사적인 기록에 작가의 상상력을 입힌 문학작품임에도 사람들은 그것을 역사적인 사실로 인식하는 경우가 많아요. 김승유는 총각이 아니라 이미 혼인하여 자식까지 둔 상태였으니 수양의 딸에게는 아버지뻘 되는 나이인데도 말입니다. 아무리 팩션 드라마라고 하더라도 둘의 연인 관계 설정은 지나친 역사 왜곡이 아닐 수 없어요. 김종서가 죽고 집안의 여인들은 모두 수양 수하의 노비가 되어 살았어요. 그런 김종서의 아들이 사랑에 눈이 멀어서 수양의 딸과 함께 살았다는 이야기는 전설이 되었어요.

충북 괴산 속리산과 경북 상주시 화북면에 걸쳐 있는 백악산 자락의 기암절벽 동굴 보굴에는 전설 하나가 전해져 내려옵니다. 세조에게는 계유사화를 일으킨 아버지에게 반감을 품은 세희 공주가 있었대요. 어머니 정희왕후는 세희를 세조 몰래 충청북도 보은군으로 보내서 살게 했대요. 이곳에서 세희는 한 총각을 만나 결혼을 하게 되는데 나중에 알고 보니 김종서의 손자였대요. 부부는 사람들의 눈을 피해 낮에는 동굴에서 숨어서 지내고 밤에는 인근 초가로 나와 살았다고 해요. 이 이야기는 고종 대에 출간된 야사집 『금계필담』에 수록되어 있어요. 『금계필담』 속 이야기를 모티브로 각색한 이야기가 드라마『공주의 남자』입니다. 그러나 이 이야기는 실록이나 순천 김씨 족보에는 기록되지 않았어요. 『금계필담』은 계유사화가 일어난 지 420년이 지난 1873년 의령 현감이었던 서유영이 펴낸 설화집이에요. 설화 내용은 서로 원수가 된 두 가문을 사랑으로 승화시키려는 민중의 염원을 담은 민담일 것이에요. 그 민담을 『공주의 남자』에서 다시 각색하여 세희공주는 세령이라는 이름으로, 김종서의 손자는 아들로 둔갑시킨 것이에요. 이 팩션 드라마가 역사적 사실과는 상관없는 허구라 하더라도 실제 인물에 대한 묘사는 역사적 사실대로 그릴 필요가 있어요. 시청자들은 드라마의 허구를 실제 사실로 인식할 여지가 많기 때문이에요. '이 드라마는 특정 인물과 직접적인 관련이 없습니다.'라는 소극적인 문구만으로는 책임을 다했다고 할 수 없어요.

태종과 세종, 문종, 단종을 모셔온 충신으로 알려진 김종서는 당시 백성들 사이에서는 '성상 위에 좌상'이라는 별칭으로 불렸다고 해요. 그러나 김종서가 권세를 이용해 마음대로 했다는 기록을 보면, "황보인이 조상의 묘에 제사를 지내기 위해 고향에 갈 때 전송하는 자들이 구름과 같이 많았으나, 김종서가 갈 때보다는 많지 않았다". 라는 것과 사위와 아들이 파격적인 승진을 했다는 정도입니다. 권세를 이용한 독단으로 인해 김종서가 백성들의 원망을 샀다는 기록 등은 전혀 없어요. 김종서를 역적으로 몰아 쓴 『단종실록』에서도 그가 서대문 밖에 집이 있는데 그 집이 호화로웠다, 같은 표현은 보이질 않아요. 이런 정황들은 그가 임금 위에 군림할 정도로 엄청난 권력을 지녔으면서도 권력을 남용하지는 않았다는 증거라고 할 수 있어요.

1746년 영조 22년 12월 27일은, 계유정난 때 화를 당한 김종서와 황보인을 영조가 복권시킨 날이에요. 293년의 긴 긴 세월 동안 김종서는 왜 복권이 되지 못했을까요? 그 이유는 뻔해요. 조선조는 세조에 의해 반정이 성공하고 후손들이 왕조를 이어 왔기 때문이에요. 반대편에 섰던 김종서를 복권시키면 세조 왕조의 정통성에 흠집을 가하는 일이 되기 때문이에요. 세조가 만들어 놓은 김종서의 역적 이미지는 시간이 흐름에 따라 조금씩

엷어져 갔어요. 중종과 명종, 선조 시대에 이르러서는 역적으로 비난받기보다는 '육진을 회복한 인물'로 평가되었어요. 임진왜란 이후 광해군과 인조시대에는 여진족과의 접촉이 늘어나면서, 그들과 상대했던 육진을 회복했던 인물로 김종서가 다시 소환되었고, 역적의 기억은 더욱더 희석되어 갔어요. 마침내 영조 시대에 이르러서 김종서는 복권되었어요. 여기에는 '단종의 복권'이 영향을 주었어요. 사실 단종은, 숙종 시대인 1698년 단종이라는 묘호를 받으며 정식으로 복권된 상황이었어요. 1746년 영조는 명령을 내려 김종서의 관직을 회복하고 '충익'이라는 시호를 내렸어요. 정조 시대인 1791년에는 단종의 묘인 장릉 충신단에 배향되었고, 1808년에는 영원히 묘를 옮기지 않고 제사가 허용되는 '부조지전(不祧之典)'의 조치를 받게 되었어요. 1453년 충신에서 역적으로 하루아침에 추락한 김종서의 신원 회복은 293년이라는 길고 긴 시간이 걸린 것입니다.

생각 밝히기

1. 세종시 장군면에 묘소가 있는 조선 전기의 문신으로, 6진 회복을 주도한 인물에 대해서 알아보고, 6진은 어느 곳을 말하는지 말해보세요.

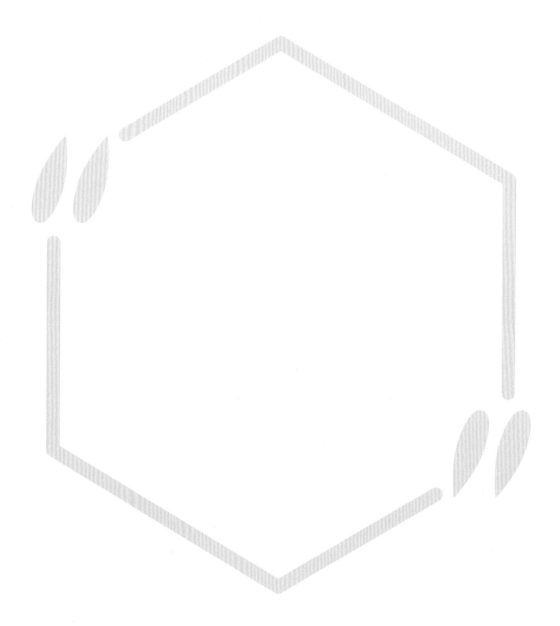

생각 밝히기

2. 세종대왕이 평한 김종서의 인물됨은 우리의 예상과는 다르게 몸집은 왜소했다고 하는데 드라마나 영화에서 그를 맡은 배우의 이미지가 다른 이유는 무엇일까요?

생각 밝히기

3. 김종서의 무덤은 세종시 장군면 대교리에 있어요. 대교리를 흐르는 대교천은 그리 큰 개천이 아닌데 왜 '큰 다리'라고 하였을까요? 대교리의 다른 이름인 한다리와 무덤에 얽힌 네 가지 이야기에 대해서 알아봅시다.

생각 밝히기

4. 현재 대한민국의 국경선을 확정 짓게 된 6진을 개척할 당시 김종서가 그곳을 지키며 읊은 시조인 「호기가」를 적어 보세요.

생각 밝히기

5. 4군 6진을 우리나라의 안정적인 영토로 만들기 위해 세종은 어떤 정책을 펼쳤나요?

생각 밝히기

6. 1453년 10월 10일 저녁에 일어난 계유정난의 배경을 알아봅시다.

마르지 않는 덕의 샘물, 덕천대군

이후생

덕천대군 이후생

성배순

흰 기린을 꿈꾸고 세상에 나오니

세상에는 즐거운 일이 가득하더라.

부모의 잠자리를 펴주는 것이 제일 큰 즐거움이요.

아침저녁 문안 인사를 하는 것이 그다음 즐거움이라.

상으로 받은 귀중한 물건이나 음식

형제자매와 나누어 먹는 것 또한 기쁨이더라.

똑똑함도 정치적 야심도 드러내면 안 되는 세상에서

금강 강가 방축리 전답의 노동은 나를 살리는 약이더라.

어느 해 여름 폭우로 금강물이 넘쳤을 때

강변의 시골집 수백 호가 둥둥 떠내려갔지.

사람들은 지푸라기를 잡으며 사라져갔지.

떠내려가지 않은 자들은 발만 동동 구르고 있었지.

물을 잘 아는 일꾼을 사서 강변의 소나무로 뗏목을 만들어

수천의 이재민을 구해낼 수 있었던 것은,

내게 단지 재산이 있었기에 가능했던 일.

다른 양반네들이 허허 뒷짐을 지는 동안에

이리 뛰고 저리 뛰고 할 수 있었던 것은,

집안가득 패물이 가득했기에 가능했던 일.

그것은 결코 즐거움이 아니었지.

한양과 공주 사이 평택을 지날 때

빈곤한 마을의 아이들에게 공부를 가르치는 것은

내게는 스승인 아이들을 만나는 것이니 이 또한 즐거움이었지.

서재마을에 서당을 지어 줄 돈이 있다는 것이 다행이었지.

바람이 불 때마다 소문은 온 나라에 퍼졌고

조선을 거쳐 대한민국에까지 전해진

덕을 쌓은 어른이라는 적덕공(積德公)이라는 말.

마르지 않는 덕의 샘물, 덕천대군 이후생이라는 말.

덕천이라는 이름값을 조금 치른 부끄러움이었지.

마르지 않는 덕의 샘물, 덕천대군 이후생

덕을 쌓은 어른, 덕천대군 이후생

세종시는 전국에서 한글 이름이 가장 많은 도시예요. 아파트, 도로, 공원 등의 한글 이름이 1,060건이 넘는다고 해요. 그중에는 원래의 지명과 연관성이 없는 우리말 이름으로 원주민들이 안타까워하는 곳이 있는데 그중의 하나가 바로 방축리 현재 도담동이에요.

방축리 지명의 유래는 덕천대군으로부터 시작합니다. 방축이라는 지명은 덕천대군이 제방을 쌓고 홍수를 막아서 방축(防築)이라는 지명이 유래했다고 방축리에 살았던 동네 어르신들은 말했어요. 그런데 방축이라는 한자를 확인해보니 방축(둑 방防, 쌓을 축築)이 아니고, 방축(모 방方, 소 축丑)이라는 한자여서 놀랐어요. 방축(方丑)이라는 이름은 마을 모습이 커다란 황소가 외양간에 누워있는 모습이어서 그렇게 불렀다고 해요. 그런데 이 동네 사는 사람들은 또 동네 이름을 꽃소네라고 부르고 있어요. 모 방(方)을 꽃 방(芳)으로 바꿔서 부르고 있는 것이지요. 부근에 산 이름이 황우산(黃牛山)인걸 보면 이 마을은 소와 관련이 깊은 마을이에요. 게다가 도담동 일대를 소의 목에 거는 도래같이 생긴 모양이라고 하여 도램마을이라고 부르잖아요? 그러니까 방축리는 덕천대군이 둑을 쌓은 유래도 있고, 소가 누워있는 모양 때문에 생긴 유래도 있는 것 같아요. 그런데 방축리 대신에 우리말로 바꾼 도담이라는 이름은 순 한글로 '어린아이가 탐스러운 모양'이라고 하는데, 뜻은 좋고 아름다우나 마을의 유래와는 상관성이 없어 보입니다.

덕천대군 사우   덕천대군 묘소 면봉기

사우 마당 풍경

　덕천대군(德泉大君 李厚生)은 1397년(태조 6년)에 태어나서 1465년(세조 11년) 11월 10일에 죽음을 맞이했어요. 덕천대군이 태어난 1397년에는 세종임금도 함께 태어난 해랍니다.

　덕천대군 사우는 현재 장군면 태산리에 자리 잡고 있어요. 이 사우는 연기군 남면 방축리에 모셨던 사당을 1739년(영조 15년)에 현재의 장군면 위치로 옮긴 거예요. 덕천대군의 묘소는 남한산성의 서문 밖인 경기도 광주군 중대면 거여리(현재 송파구 거여동)에 있었는데 이 지역이 군용지로 편입되어 1974년 현재의 장군면 태산리(구 공주시 의당면 태산리 사우말)로 이장하고 석물도 그대로 옮겨 세웠다고 해요. 방축리와 현재 사우가 있는 장군면 일대는 전주 이씨 집성촌인데, 덕천대군의 후손들은 임진왜란 당시 난을 피해 장군면(구 공주시 의당면)으로 낙향하여 살게 되었어요. 고종 때에는 후손 이건창이 암행어사로 내려와 덕천군 사우 보수와 운영에 도움을 주었어요. 일제강점기에는 서울과 공주에 거주하는 종인들이 합심하여 재실을 건축하였고, 2010년에는 사우를 관리할 종손 주택을 건립하였어요.

덕천대군의 군호는 삼촌인 태종이 내렸어요. 태종은 "인덕이 하늘에서 나온 듯하고 그 어미의 성이 지씨인데, 지(池)는 연못으로 샘솟는 물이 마르지 않는다는 뜻이 있으니 복의 근원이다. 따라서 군호를 덕천불갈(德泉不渴 덕의 샘물이 마르지 않는다)의 뜻을 따서 덕천으로 하라"며 직접 덕천군이라는 세 글자를 써줬어요. 우리는 덕천대군을 대군이 아닌 덕천군으로 부르고 있어요. 왜 그렇게 부르고 있는 걸까요? 정말로 덕천대군은 대군이 아니고 덕천군이 맞을까요?

> 성빈은 정안왕후 김씨가 아이를 낳지 못하자 정식 혼례를 올렸으니 정종의 첩이 아니라 둘째 부인이다. 정식으로 입궁하고 성빈 역시 오랫동안 아이를 낳지 못하다가 나이가 들어서야 아들 둘을 낳았다. 소생으로는 덕천군과 도평군이 있다.
>
> – 『조선의 왕실과 외척』 박영규, 김영사, 2003

그러니까 성빈은 첩이 아닌 계비인 것이지요. 덕천대군은 서자가 아니라 정실소생인 적자 대군으로 탄생한 것이에요. 해서 이 글에서는 덕천대군 사후 처음으로 덕천군이 아닌 덕천대군으로 제대로 부르기로 할게요.

덕천대군의 생모인 성빈 지씨의 아버지는 고려 말 문하찬성사를 지낸 지윤이며, 어머니는 순흥 안씨예요. 지윤의 딸들은 모두 태조 이성계의 자식들과 혼인하였는데, 맏딸은 태조의 장남 진안대군 이방우와 혼인하였고, 둘째 딸과 막내딸이 정종에게 시집을 갔어요. 바로 성빈 지씨와 숙의 지씨예요. 그러나 충주 지씨 족보에는 숙의 지씨와 성빈 지씨가 동일인물이라고 기록되어 있다고 해요.

성빈 지씨는 정종과 정식 혼례를 치른 왕비예요. 그런데도 정종의 왕비인 정안왕후

덕천대군 묘

홍살문과 (구) 포도밭

김씨와 같은 왕후의 휘호를 받지 못한 것은 무슨 이유에서일까요?

정종은 왕위에 오른 후 생모인 한씨를 신의왕후로 추존하였어요. 추존은 어떤 인물이 죽은 뒤에 생전의 직위보다 높은 직위로 올려주는 것을 말해요. 신의왕후 한씨는 조선을 건국한 태조 이성계의 첫 번째 부인으로 정종과 태종의 생모예요. 한씨는 이성계가 조선을 개국하기 1년 전인 1391년에 사망했기 때문에 태조 이성계의 둘째 부인인 신덕왕후가 조선의 첫 왕비가 되었어요. 정종은 생모인 한씨를 신덕왕후와 똑같이 신의왕후로 추존하였는데, 뒤를 이은 태종은 생모인 신의왕후를 신덕왕후보다 더 높은 왕태후로 올려놓았어요. 그리고는 조선의 첫 왕비였던 신덕왕후를 왕후에서 후궁 격인 현비로 격을 낮추었어요. 그러다보니 자연스럽게 신덕왕후의 소생들은 모두 서자가 돼 버렸어요. 덕천군의 생모인 성빈 지씨는 정종과 정식 혼례를 치른 왕비임에도 정안왕후 김씨와 같은 왕후의 휘호를 받지 못한 것이 혹 정종이나 태종이 계비에 대한 부정적인 생각의 배경 때문은 아닐는지요? 이런 배경을 세종임금도 당연히 알고 있었을 거예요. 사실 정종의 묘호는 정종이 아니라 태종이 되어야 해요. 중국의 역사를 보더라도 나라를 처음 개국한 왕에게는 태조라 했고, 그 뒤를 이은 적통 임금을 태종이라 했거든요. 그러나 당시 세종은 할아버지 태조 다음에 큰아버지 정종이 태종으로 불린다는 것이 싫었던 것 같아요.

조선 건국에 누구보다 앞장선 아버지 이방원이 태종이 되어야 한다는 욕심이 있었나 봐요. 『세종실록』 세종 1년 11월 29일에 보면 "조선 조정이 묘호는 올릴 수 없고, 다만 명나라 황제가 하사하는 시호만을 쓰는 것이 옳다고 생각한다."고 선언하니 후대의 왕들도 번복하지 못하고 명나라가 내려준 묘호인 '공정왕'이라 한 것이에요. 세종의 이런 행동 뒤에는 태종의 입김이 작용했다고 볼 수 있어요. 정종이 승하했을 당시 태종은 상왕으로 군림하고 있었거든요.

역사에 가정은 없지만 만약에 정종의 재위 기간이 조금 더 길었다면, 그가 재위 기간 힘을 키워 막강한 권력을 손에 넣었다면 어떻게 되었을까요? 호시탐탐 기회만 노리고 있던 이방원이 가만히 두고만 보았을 리는 없겠지만 말이에요. 그래도 만약에 그렇게 되었다면, 정종의 뒤를 이은 왕은 태종이 아니고 덕천대군이 되었을지도 모를 일이에요. 왜냐하면, 덕천대군은 첩의 몸에서 태어난 왕자가 아니라 정종이 정식으로 결혼한 왕비의 몸에서 출생한 첫 번째 왕자이기 때문입니다. 그렇게 되면, 세종임금인 충녕대군은 왕위에 오르지 못했을 거예요. 그렇게 되면 우리는 여전히 한자를 쓰고 있을 테니, 그 가정은 아쉽지만 이쯤에서 멈춰야겠어요.

하루라도 격구를 하지 않으면 이 화를 어찌할꼬?

덕천대군의 아버지는 조선의 제2대왕 정종임금이에요. 정종은 태조 이성계의 뒤를 이은 적통 임금이지요. 그런데도 그가 '정종'이라는 묘호를 받기까지는 무려 262년이나 걸렸답니다. 2년 2개월 동안의 짧은 정치경력 때문일까요? 그래도 그것은 말이 안 되지요. 어떻게 묘호도 올리지 않고 명나라에서 내려 준 묘호인 '공정대왕'(恭靖大王)으로만 불렀던 것일까요? 정종이라는 묘호는 262년이 지난 1681년 숙종 7년 12월 7일에 이르러서야 비로소 받게 되었어요. 게다가 조선 왕릉은 2009년 6월 27일, 우리나라에서 9번째로 세계문화유산으로 등재되었는데 안타깝게도 북한에 있는 정종의 왕릉은 여기에서도 제외되었어요. 심지어는 세종임금이 정인지, 권제, 안지를 시켜 짓게 한 1445년에 완성된 『용비어천가』에 나오는 해동육룡(목조, 익조, 도조, 환조, 태조, 태종)에서도 제외되어 있어요. 세종은 정종을 육룡에서도 제외시켜 버린 것이에요. 아쉽게도 허수아비 왕 취급한 것이지요. 그러나 정종은 결코 허수아비 왕이 아니었어요.

덕천대군의 할아버지인 태조 이성계는 왕위에 있는 동안 하루도 편안한 날이 없었어요. 고려왕조의 추종세력과 현 정권의 불만 세력들이 반란을 일으킬지도 모른다는 생각이 늘 그를 불안하게 했어요. 이러한 이성계의 마음을 헤아린 환관 김사행은 어느 날, 아름다운 꽃으로 가득한 팔각정으로 태조를 안내했어요. 그 후 이성계는 직접 꽃을 가꾸는 일을 했고 김사행에게 낡은 팔각정을 수리하게 하였어요. 태조 2년 6월 3일의 기록이에요. 그렇다면 꽃을 가꾸는 것으로 마음을 다스린 태조와 외모가 가장 많이 닮았다고 하는 아들 정종은 무엇으로 화를 다스렸을까요?

『태조실록』 1권에 의하면 "고려의 풍속에 매양 단오절에는 무관의 나이 젊은 사람과 의관의 자제들을 뽑아서 격구(擊毬)의 기예를 익혔는데, 격구하는 사람이 의복 장식을 화려하게 하여 다투어 사치를 숭상하니, 말안장 한 개의 비용이 중인 10채 값의 재산에 해당하였다."라고 기록하고 있어요. 격구를 하는 사람들은 저마다 화려한 복식을 하게 되는데, 이때 말안장 한 개의 비용이 중인 집 열 채에 해당하는 거액이었다니 가격이 어마어마하게 비싸지요? 당시 말 한 필이 노비 2~3명과 거래됐다고 하니, 말 가격이 사람 목숨보다 비쌌던 것이에요. 이처럼 격구에는 경비가 많이 들어갔어요. 격구는 조선시대 무과시험의 최종시험인 전시(殿試)의 마지막 시험과목이었어요. 격구는 말을 타고 하는 공놀이의 일종으로 '장시(杖匙)'라고 하는, 끝이 숟가락처럼 생긴 채로 공을 담아 골대에 집어넣는 스포츠예요. 정종은 재위 2년 동안 비 온 날을 빼고는 매일 격구를 즐긴 것으로 기록되어 있어요. 『정종실록』 1399년 정종 1년 1월 9일에는 "과인이 병이 있어 수족이 저리고 아프니, 때때로 격구를 하여 몸을 움직여서 기운을 통하게 하려고 한다."라고 매일 격구를 하는 이유를 밝혔어요. 3월 13일에는 조박에게 매일같이 격구를 하는 이유를 다시 또 말합니다.

"과인은 본래 병이 있어서, 잠저(潛邸) 때부터 밤이면 마음속으로 번민하여 자지 못하고, 새벽에야 잠이 들어 항상 늦게 일어났다. 그래서 여러 숙부와 형제들이 게으르다고 하였다. 즉위한 이래로 경계하고 삼가는 마음을 품어서 병이 있는 것을 알지 못하였는데, 근일에 다시 병이 생겨서 마음과 기운이 어둡고 나른하며, 피부가 날로 여위어진다. 또 내가 무관의 집에서 자랐기 때문에 산을 타고 물가에서 자며 말을 달리는 것이 습관이 되었으므로, 오래 들어앉아서 나가지 않으면 반드시 병이 생길 것이다. 그러므로 잠정적으로 격구하는 놀이를 하여 기운과 몸을 기르는 것이다."하니, 조박이 아무 말 못 하고 그저 '예, 예'만 하였다.

－『정종실록』 1399년 정종 1년 3월 13일

　　잠저는 왕이 즉위하기 전에 거주하던 집이나 즉위하기 전의 신분을 말해요. 정종이 격구에 너무 빠져 있다고 생각한 신하들은 격구 폐지를 요청하는 상소문을 올리기도 해요. 정종 1년 5월 1일의 기록에는 상소문을 올린 신하들에게 징계를 내리기까지 합니다. 임금이 즐기는 격구를 폐지하라고 신하들이 감히 상소문을 올렸다는 것은, 신하들이 왕을 가볍게 생각한 것이 아닐까요? 그럼에도 정종은 격구를 포기하지 않았어요. 정종이 매일같이 격구를 즐긴 것은 아마도 실세인 이방원으로부터 가족들을 지키고, 이방원과의 우애를 유지하기 위한 처세술이었을 거예요. 정종 자신이 운동을 좋아한 이유도 있겠지만요. 어쨌거나 정치에는 관심이 없다는 것을 동생 이방원에게 보여줘야 했으니까요. 그러니 얼마나 스트레스가 쌓였겠어요. 그 화를 격구로라도 다스리지 않으면 어떻게 하루를 살 수 있었겠어요? 정종의 이런 처세술은 아들 덕천대군에게도 그대로 이어집니다.

　　고려 말, 덕천대군의 아버지 이방과(정종)는 아버지 태조 이성계를 도와 왜구 토벌에 힘을 쏟았어요. 1389년(창왕 1년)에는 절제사 유만수와 함께 해주에 침입한 왜적을 토벌했으며, 1390년(공양왕 2년)에는 지밀직사사 윤사덕과 힘을 합쳐 양광도에 침입한 왜

적을 물리치어 공을 세웠어요. 아버지 이성계를 따라 왜구를 토벌한 공로로 그는 공신에 이름을 올리고 여러 관직을 역임하였어요. 아버지 이성계가 창왕을 폐하고 공양왕을 옹립하는 데에도 적극적으로 가담해 이때에도 공신에 올랐어요. 동생 이방원이 고려의 충신인 정몽주를 살해할 계획을 세울 때도 동참했어요. 정몽주가 이방원의 손에 의해 살해된 후에는 공양왕에게 직접 정몽주의 사망을 통지했어요. 그리고는 전주 이씨 가문과 전쟁을 할 것인지, 아니면 순응할 것인지 양자택일을 하라고 큰소리까지 쳤던 인물이에요. 정종은 이때까지만 해도 정치적 야망이 있어 보입니다. 후손들의 기록에 의하면 정종은 체구가 곰처럼 강건하고 왼쪽 눈 밑에 큰 사마귀가 있었다고 해요. 아버지인 이성계의 무인적인 기질을 형제 중 가장 많이 물려받아서 아버지 못지않게 활을 잘 쏘았다고 합니다. 이처럼 무인 기질이 강한 그였지만 왕위 계승을 놓고 벌인 왕자 간의 싸움인 '제1차 왕자의 난'에는 그 어느 쪽에도 가담하지 않았어요. 차라리 몰래 궁 밖으로 달아나 측근인 김인귀의 집으로 숨어버렸다고 해요. 난이 수습되고, 세자 책봉 문제로 시끄러울 때도 조선왕조가 개국하기까지는 모두 정안군인 이방원의 공이 크다며 자신은 세자가 될 수 없다고 버텼다고 해요. 소극적으로 보이는 이런 그의 태도를 두고 사람들은, 그가 권력에는 욕심이 없는 사람이라고 평가하곤 합니다. 하지만 정말로 정종은 권력에 욕심이 없었을까요?

형제들이 방원의 편에 서서, 정도전과 방석, 방번 형제를 제거하는데 동참하는 동안, 이방과(정종)는 소격서에서 아버지 태조의 건강을 빌고 있었어요. 그는 동생 방원이 일으킨 난에 직접 참여하지도, 그렇다고 지원하지도 않았어요. 너무 소극적인 그의 태도에 대해 후손들은 오히려 훌륭한 처신이었다고 평가하는 사람이 많아요. 어쨌거나 정치에 욕심이 없는 듯한 그런 소극적인 행동 덕분으로 그는 세자가 되었고, 열흘 만에 왕위에 올랐어요. 그가 바로 조선의 2대 왕 정종이에요. 우리가 허수아비 왕으로 기억하는 정종은 결코 허수아비 왕이 아니었어요. 그는 약해진 왕권 강화를 위해 적극적으로 노력했어요. 우선 한양을 버리고 옛 도읍인 개경으로 수도를 옮겼어요. 벼슬 청탁 관습인 '분경'을 법으로 금지하고, 억울하게 노비가 된 양인을 구제하기 위한 '노비변정도감'을 설치하는 등 개혁적인 제도를 마련했어요. 그러나 그에게는 그를 지지해주는 정치적인 세력이 미미했어요. 무엇보다 방원과 그를 따르는 지지 세력은 그에게 커다란 부담이 될 수밖에 없었어요. '1차 왕자의 난' 이후 정국의 주도권은 방원이 쥐고 있었기 때문이에요. '2차 왕자의 난' 이후엔 방원 스스로 세제가 아닌 세자의 자리에 올랐어요. 정종이 한순간 정치적인 야망이 있지 않았을까 생각하게 하는 사건이 하나 있었어요. 그것은 궐 밖에 있던 가의궁주 유씨의 아들 '불노'를 불러들여 원자로 삼으려 한 사건이에요. 궁주는 왕녀를 부르는 명칭인데 궁주 외에, 공주, 옹주가 있어요. 고려시대 이전에는 여자들이 모두 개개인의 궁을 갖고 있었기 때문에 왕의 후궁과 왕의 딸을 모두 궁주라고 불렀어요. 이는 조선시대 초기까지 이어져 오다가, 조선 태종 때 이르러 후궁과 왕의 딸을 구분해야 한다고 해서 왕의 딸을 공주라고 부르기 시작했어요. 그때부터 왕의 여자를 궁주, 왕의 딸을 공주로 부르기 시작한 거예요. 가의궁주는 정종의 후궁인데, 처음에는 '반복해'라는 인물의 후실이었어요, 이후 반복해가 죽자 정종이 사가에 있을 때 이방과에게 시집왔어요. 이방과는 정종의 이름이에요. 가의궁주의 친척인 조박은, 외할머니에게 키워지고 있던 불노를 정종에게 데려왔어요. 정종은 장남인 불노를 원자로 삼고 싶어 했어요. 세자자리를 노리고 있던 이방원은 긴장했고, 이에 불안을 느낀 정종은, 불노는 유씨가 시집올 때 이미 잉태해 온 반복해의 아들이라며 자기 아들임을 스스로 부인했어요. 불노의 목숨을 구하고자 한 거짓말일 거예요. 불노는 방원의 반대로 정종의 아들이 아니라는 명분으로 쫓겨나고 말았어요. 정종의 장남이라고 소리치고 다녔지만 이미 정권을 손에 쥔 태종은 이를 문제 삼지 않았어요. 『태종실록』 태종 9년 10월 27일 기록입니다. 그 후 불노는 공주에 유배되었다가 승려가 되어 전국을 떠돌다가 죽었다고 해요.

마르지 않는 덕의 샘물, 덕천대군

덕천대군의 어머니인 성빈 지씨는 흰 기린을 꿈꾸고 대군을 잉태했다고 해요. 기린은 성인이 탄생할 길조라 하여 상서로운 동물로 여깁니다. 공자의 어머니노 기린이 나오는 태몽을 꾸었다고 해요. 공자가 죽을 때도 기린이 나타나 마차에 치여 죽었다는 이야기도 있어요. 또 고구려 시조 주몽은 기린을 타고 승천했다고 전해집니다.

덕천대군은 천성이 효심이 깊고 형제간에 우애가 깊었어요. 그래서 정종은 그의 이름에 '후(厚)'자를 넣어 지었다고 합니다. 7세에는 부모의 잠자리를 펴주고 아침 저녁 문안드리는 것을 즐겨 했고, 상으로 귀중한 물건이나 음식을 받을라치면 조심스럽고 정중하게 받았고, 반드시 형제자매와 나누어 먹었다고 해요. 종친들이 활을 쏘아 재주를 겨루는 모임인 사회(射會)에서는 늘 1등을 할 만큼 활을 잘 쏘았고, 종학(宗學)에서도 성적이 가장 우수하였어요. 이처럼 그는 활을 잘 쏘고, 글 쓰고 시 짓는 것을 좋아하였어요. 전주 이씨 덕천대군과 족보에 대군의 지혜에 관한 재미있는 이야기가 있어요. 태종은 성품이 어질기로 소문난 덕천대군이 혹여 정치에 욕심을 낼까 걱정을 했어요. 그래서 어느 날 그를 시험해 보기로 했지요. 마치 조조의 뒤를 이은 조비가 그 동생 조식을 시험하여 '칠보시'를 짓도록 강요한 경우와 흡사하여 조비와 조식 이야기를 먼저 옮겨 볼게요.

조비는 위나라를 세운 조조의 아들로 조조의 뒤를 이어 위나라의 황제가 되었어요. 황제가 된 조비는 아버지의 사랑을 받던 조식이 늘 신경 쓰였어요. 조식은 온갖 경전을 외울 만큼 머리가 비상했으며, 특히 음악과 시에 있어서 천재적인 재능을 보였거든요. 그의 뛰어난 재주를 아낀 조조가 장자인 조비를 제쳐놓고 그를 후계자로 삼을 것을 고민하였을 정도로 조조는 조식을 아꼈다고 해요. 그러다보니 조식을 따르는 사람들도 많았고요. 조조가 사망하자 서둘러 왕위를 차지한 조비는 동생을 지지했던 신하들을 모두 죽였어요. 그리고 동생인 조식도 기회를 보아 없애려고 했지요. 어느 날 왕은 조식을 궁으로 불러 명했어요.

"아버지가 그렇게 너의 시재를 자랑스러워했으니, 이 자리에서 일곱 발자국 걸어가는 동안 시를 지어 보아라. 그렇지 않으면 목숨을 내놓아야 한다."라며 협박을 하였어요. 조식은 형제라는 시제를 받자 천천히 걸으며 읊었어요.

자두연두기(煮豆燃豆其)

두재부중읍(豆在釜中泣)

본시동근생(本是同根生)

상전하태급(上煎下太急)

이라고 노래했어요. 해석하면 이런 의미라고 해요.

콩대를 태워 콩을 삶으니

콩은 솥 안에서 울고 있구나.

본래는 한 뿌리에서 태어났는데

어찌 그토록 다급하게 달이는 고

조비는 형의 비정함을 노래하는 동생을 차마 어찌하지 못하고 자리를 떴다고 해요. 남조 송나라의 문학가 유의경이 쓴 일화집 『세설신어』에 전하는 조비 이야기예요.

태종의 시험을 지혜롭게 해결한 덕천대군의 '곡충' 이야기가 조비 이야기와 비슷합니다.

어느 날 태종은, 왕세자빈의 첫 돌잔치에 덕천대군을 초대합니다. 이때쯤 덕천대군은 무장 이종무의 딸과 혼인을 하고 얼마 지나지 않았을 때예요. 장인인 이종무는 "아름다운 이 땅 금수강산에 단군 할아버지가 터 잡으시고 홍익인간 뜻으로 나라 세우니 대대손손 훌륭한 인물도 많아"로 시작하는 「한국을 빛낸 100명의 위인들」에 들어간 대마도 정벌로 유명한 위인이에요. 분위기가 한층 무르익을 즈음, 태종은 음식을 들다가 갑자기 밥 속에서 '독충'이 나왔다고 펄쩍펄쩍 뛰었어요. 밥에서 벌레가 나왔다는 것인데 정말로 밥에 벌레가 있었는지, 아니면 태종 측에서 고의로 넣었는지, 그것도 아니라면 일부러 거짓말을 한 것인지는 태종 자신밖에는 모를 일이지요. "이는 왕을 해치려는 음모이다"라며 태종은 음식을 준비한 궁녀 30여 명과 자리를 함께한 40여 명의 목을 베라고

덕천대군 묘 홍살문과 (구) 포도밭

명하였어요. 하인들을 문초해서 이 모든 것은 덕천대군이 시켜서 한 일이라는 자백을 받고자 내린 명령이었을 것이에요. 이런 분위기에서 선뜻 목숨을 걸고 앞으로 나서는 이는 아무도 없었어요. 이때 덕천대군은 자리에서 일어나 태종의 음식에 있는 벌레를 집어삼켰어요. 그리고는 용상 아래 계단에 앉아 무릎을 꿇고 눈물을 흘리며 아뢰었어요. "전하! 이는 독충이 아니라 곡충으로 사람에게는 해가 없는 것이옵니다. 신이 자세히 보니 필시 우연히 일어난 일을 미처 발견하지 못해서 일어난 일입니다. 사람의 목숨이 중하니 바라옵건대 명을 거두어 주십시오. 초나라의 혜왕이 한저(寒菹)를 먹을 때 그 속에서 거머리가 발견되었으나, 요리사가 벌을 받을 것을 염려하여 그것을 삼켰다는 이야기도 있지 않사옵니까?" 태종은 덕천대군의 용기와 침착함에 명을 거두었어요. 듣기에 따라서는 덕천대군이 자신을 혜왕과 비교해서 혜왕만도 못하다고 빈정거리는 말로 해석할 수도 있는데, 태종은 그렇게 해석하지는 않았나 봅니다.

"허허 곡충도 있었던가? 내 무릇 많은 인명을 죽일 뻔했구나. 나를 깨우쳐준 공이 현명하도다!" 이 일이 있은 몇 달 후에 태종은 덕천대군에게 '덕천'이란 군호를 내렸어요. 군호는 왕자나 종친 또는 훈신들에게 임금이 내려 주는 이름을 말합니다.

태종은 "아무개는 인덕이 출천(出天)하고 모후가 지씨이니 연못에는 맑은 샘물이 있고 샘물에는 물이 마르지 않아 그 물이 곧 복의 물이다. 그러니 '덕천'으로 군호를 지으라"하고 직접 '덕천군'이라는 글자 석 자를 써 주었어요. 덕천대군은 용기와 지혜로써 왕권을 둘러싼 피바람을 미리 막은 것이지요.

덕천대군이 예로 든 혜왕의 한저(寒菹) 이야기도 재미있으니 간단하게 옮겨 볼게요. 초나라의 혜왕에게는 그의 어짊과 지혜에 관한 많은 일화가 전해져 내려오는데요. 덕천대군이 예로 든 거머리 사건도 그중의 하나예요.

초나라 혜왕은 평소에 배앓이를 앓고 있었어요. 어의는 통증을 잠재울 처방을 올리겠다고 했으나 왕은 참을 만하다고 치료를 거부했어요. 초나라에는 영윤이라는 관직이 있었어요. 영윤은 재상에 해당하는데, 혜왕은 대소사를 논할 때 영윤을 불러 상의했어요. 혜왕은 평소 소금에 절인 배추를 좋아했어요. 그날도 수라상에는 절인 배추인 한저(寒菹)가 올라왔어요. 젓가락으로 한저를 집어 먹으려던 혜왕은 깜짝 놀랐어요. 글쎄 절인 배추에 살아있는 거머리가 한 마리 붙어 있는 것이 아니겠어요? 절인 배추에 거머리라니 도저히 있을 수 없는 일이었지요. 임금의 음식은 항상 독이 있는지 없는지, 상했는지 안 상했는지를 검사하는 감식관이 있어요. 만약에 감식관이 잡혀 온다면 그는 필시 죽음을 피하기 어려웠을 거예요. 자비로운 혜왕은 한참 고민을 하다가 꿈틀거리는 거머리가 붙어 있는 절인 배추를 그냥 삼켜 버렸어요. 그랬더니 잠시 후 배가 사르르 아파왔어요. 혜왕은 감식관을 물리치고 영윤을 불러들였어요. 자초지종을 들은 영윤은 어의를 불렀어요. 어의는 거머리는 예로부터 약으로도 사용했다고 하면서 거머리를 잘못 삼켰을 때 먹는 환약과 탕을 올렸어요. 사실 그 환약은 거머리가 사는 논의 진흙과 돼지의 비계를 섞어 만든 것이었지만 어의는 꿀물이라고 거짓말을 했어요. 왕은 어의가 올린 환약을 꿀물로 알고 먹었어요. 그랬더니 혜왕이 평소 앓고 있던 배앓이가 사라진 것이었어요. 이 이야기는 『본초강목』에 전해져 오는 이야기예요. 일종의 플라시보 효과라고 볼 수 있지요. 플라시보 효과(placebo effect)는 심리학, 의학 용어로, 효과가 없는 가짜 약을 진짜 약으로 알고 먹었을 때 환자의 병이 실제로도 좋아지는 현상을 말해요.

덕천대군은 또한 사치를 멀리하고 검소하였어요. 어느 해 누이 덕천옹주 집에서 누이의 병을 간호할 때의 일이에요. 10여 명의 도둑이 담을 넘어 들어와 곳간을 뒤지다가 창고지기에게 붙잡히는 일이 있었어요. 그때 대군은 처벌을 받게 된 도둑들을 불러 상세한 까닭을 물어보았어요.

"왜 도적질을 하였느냐?"

"저희 형제는 6명이고, 나머지 4명은 종친입니다. 저희 아버지가 지부서사(地部書史)로 관의 은 이천 냥을 썼는데, 상관이 이를 알고 지팡이로 죽이려고 하였습니다. 그리고는 만약 그 숫자대로 갚으면 죽음을 면하겠지만 그렇지 않으면 용서받지 못할 것이라고 하여 저희가 은을 구하려고 하였으나, 하다 하다 방법이 없어 죽음을 무릅쓰고 담을 넘게 되었습니다."

도둑들의 딱한 소식에 덕천대군은 은 이천 냥을 빌려주었어요. 도적 열 명은 감동하여 노비가 되어 은혜를 갚겠다고 하였어요. 대군은 사람됨과 재주가 아까워 용서해 주겠다고 했지만, 그들은 평생 노비로 보답하겠다고 하였어요. 대군은 엄히 명하길 다시는 오지 말라 하니 그들은 집에 사당을 짓고 음식을 올려 대군에게 축복을 빌었다고 합니다.

덕천대군에게는 세종시 금강 근처에 사패지가 있었어요. 사패지는 고려와 조선 시대에 임금이 내려 준 논밭을 말해요. 주로 외교와 국방 분야에서 나라에 큰 공을 세운 왕족이나 벼슬아치에게 내려 주었어요. 세습되는 토지와 세습이 되지 않는 토지가 있었는데, 덕천대군에게 내린 토지는 아마도 세습이 되지 않았나 봐요. 덕천대군은 왕자라는 신분임에도 현재 세종시 도담동인 방축리에 있는 사패지에 내려가 직접 농사를 지었어요. 일할 때면 모든 시름을 다 잊을 수 있었거든요. 어느 해 여름 금강이 범람해 강변의 시골집 수백 호가 떠내려갔어요. 덕천대군은 이 광경을 보고 가산을 털어 물을 잘 아는 일꾼을 샀어요. 그들에게 배를 만들게 하고 강변의 나무로는 뗏목을 만들어 수천의 이재민을 구했어요. 이 소문은 나라에 퍼졌고 이때부터 사람들은 덕천대군을 덕을 쌓은 어른 즉, 적덕공(積德公)이라고 불렀어요. 덕천대군에게는 지금의 평택시 진위현(서재마을)에도 흔적을 남겼어요. 대군이 사패지가 있는 금강 강가를 가기 위해 평택을 지날 때, 그곳에 사는 먼 친척으로부터 대접을 받은 적이 있어요. 그 친척은 마을의 아이들에게 공부를 가르쳐줄만한 어른이 없는 것을 아쉬워했어요. 덕천대군은 며칠만이라도 아이들에게 글을 가르쳐주겠다고 아이들을 불러 모아 달라 하였지요. 이렇게 한양과 금강 강가 사패지를 오가면서 아이들과 맺은 인연을 소중히 생각한 덕천대군은 이곳에 서당을 지어주었어요. 그 후 사람들은 이곳을 서재마을이라 부르기 시작했답니다.

왕자의 몸이지만 벼슬에 연연하지 않고 직접 농사일을 한 대군, 흉년이 들면 집의 창고를 열어 백성을 도운 덕천대군의 후손 중에 유독 성공한 인물이 많은 이유가 대군이 베푼 덕 때문은 아닐는지요.

생각 밝히기

1. 세종시 도담동의 옛 이름은 방축리입니다. 지명의 유래는 덕천대군으로부터 시작되는데요. 어떤 이야기가 숨어 있는지 말해보세요.

생각 밝히기

2. 덕천대군의 군호는 삼촌인 태종이 내렸어요. 어떤 의미가 있는지요?

생각 밝히기

3. 태종의 시험을 지혜롭게 해결한 덕천대군의 '곡충' 이야기는 무엇인가요?

생각 밝히기

4. 내가 만일 덕천대군이라면 왕인 아버지 보다 삼촌의 힘이 더 막강한 것을 알았을 때 어떻게 해야 할까요? 사실 나는 정치에 관심이 아주 많거든요.

낙락장송 돼야 독야청청하리라,

성삼문

성삼문이 딸 효옥에게

성배순

넘어지면 무릎 까질라
천천히 뛰어 오거라, 아가야.
못난 아비 얼굴 한번 보겠다고
너는 수레를 향해 전력질주하는구나.

귀하디귀한 내 딸 효옥아.
오라비들은 다 죽어도, 너는 살 것이다.
노비로 사는 순간이 치욕이겠으나
그래도 부디 살아가거라.

점점 멀어지는 내 딸 효옥아.
네 손을 잡아줄 손이, 너를 안아줄 팔이
아비에게는 이미 없구나.
아비는 생각했단다.
임금은 바다요 백성은 파도라고.
백성이 화가 나서 파도를 일으키면

배를 침몰시킬 수 있다고 말이다.

수양의 배가 이리 단단할 줄은 미처 몰랐구나.

백성의 파도가 이리 미약할 줄은 그 또한 몰랐구나.

아비의 올곧음이 집안을 풍비박산시켰으니

이 죄를 어찌할꼬, 어찌할꼬.

너는 부디 아비를 용서치 말아라.

저잣거리에 효수당한 모습을 보더라도

놀라지 말고, 눈물은 더더욱 흘리지 말아라.

가여운 내 딸 여섯 살 효옥아!

집현전 학사 성삼문의 딸 효옥아!

호랑이 같은 무장 성승의 손녀 효옥아!

비굴한 노비의 삶이겠지만,

당당하게 어깨를 펴지 못하겠지만,

고개 들고 하늘을 볼 수는 없겠지만,

그래도 제발 제발 살아만 다오.

낙락장송 돼야 독야청청하리라, 성삼문

사육신 성삼문

여러분은 사육신과 생육신이란 말을 들어 본 적이 있나요?

조선의 5대 왕 문종은 왕위에 오른 지 2년 3개월 만에 세상을 뜨고 말았어요. 그의 나이 불과 39세였어요. 문종의 뒤를 이어 단종이 왕위에 올랐는데 이때 단종의 나이는 12세였어요. 어린 나이에 왕이 된 단종은 숙부인 수양대군에게 그만 왕위를 빼앗기고 말았어요. 이후 단종을 다시 왕위에 앉히려고 많은 사람이 단종복위 운동을 하였는데, 이 과정에서 여섯 명의 죽은 충신이 있어요. 이들을 우리는 사육신이라 부른답니다.

세종시에는 사육신 중 한 명인 성삼문의 사우《문절사》가 있어요. 오늘은 충신의 대명사인 성삼문(成三問, 1418~1456)은 어떤 사람이며, 세종시에 어떤 연유로《문절사》가 생겼는지 알아보기로 해요. 그리고 성삼문을 기리는 유적지인 세종시《문절사》, 논산《일지총》, 홍성《유허지》등을 답사하고, 성삼문의 사후 남은 가족들이 어떻게 되었는지도 살펴보도록 해요.

역사적인 인물에 대한 평가는 그 시대의 가치관에 따라 다르게 평가되곤 합니다. 그러다 보니 한 인물에 대한 평가가 갑론을박하는 경우가 많이 있어요. 그러나 성삼문의

문절사(세종시 금남면 달전리)

경우는 예나 지금이나 변함없이 충신의 대명사로 평가받고 있답니다. 우리 국민 대부분은 '성삼문'이 누구냐고 물어보면 '충신'이라고 답하거나 '아! 사육신'하고 대답하곤 하니까요. '사육신'이란 말은 '생육신' 중 한 사람인 남효온의 전기소설 「육신전」에서 나온 말로 단종복위를 꾀하다가 목숨을 잃은 수백 명 중에서 대표적인 인물 여섯 명을 가리킵니다. 「육신전」은 현재 남효온이 지은 원본은 전하지 않고 1577년(선조 10년)에 그의 후손들이 편찬한 『추강집』에 들어가 있어요. 추강은 남효온의 호예요.

　「육신전」을 쓴 남효온(1454년~1492년)은 생육신 중 한 명이에요. 그는 성삼문이 죽은 해인 1456년에는 불과 4살이었어요. 그러니까 「육신전」은 사육신의 죽음과정을 직접 목격하고 쓴 것은 아니예요. 사육신의 심문 과정을 직접 봤을 리가 없는데도 「육신전」에는 사육신의 심문 과정이 『조선왕조실록』보다 더 상세하게 기록돼 있어요. 「육신전」은 역적으로 몰려 죽임을 당한 사육신들의 행적을 기록한 기록물이라고도 할 수 있어요. 역사적인 사실과 문학성을 갖춘 전기소설인 문학작품이지요. 그러다 보니 역사적인 사실 면에서 「육신전」은 『조선왕조실록』과 비교해 보면 여러 가지 오류가 발견되기도 해요. 가령 성삼문의 아버지 성승을 당시는 도총관이 생기기 전인데도 정2품 도총관이라 했거든요. 성승은 당시 지중추원사로 종2품이었어요. 단종이 세조에게 양위하는 장면에서도 예방승지 성삼문이 옥새를 끌어안고 울었다고 나오는데, 『조선왕조실록』에는 성삼문이 옥새를 전하는 장면에서 옥새를 끌어안고 울었다는 이야기는 나오지 않아요.

사육신으로는 성삼문, 박팽년, 이개, 하위지, 유성원, 유응부가 있어요. 성삼문의 아버지 성승 장군은 아들인 성삼문과 함께 단종복위 운동을 하다가 죽었어요. 그러나 아쉽게도 남효온은 성승을 「육신전」 속에서 사육신에 포함시키지 않았어요.

충신의 탄생

영웅에게는 어김없이 탄생 설화가 있듯이 성삼문에게도 신기한 탄생 설화가 있답니다. 태어날 때 하늘에서 "낳았느냐?" 하는 소리가 세 번째 들릴 때 낳았다고 하여 삼문(三問)이라 지었다고 해요. 출생에 관한 또 다른 이야기도 전해져 내려옵니다. 성삼문의 외할아버지인 박첨이 사주 명리에 밝아서, 예정 시간보다 두 시간 늦게 낳아야 좋은 사주를 갖고 태어난다는 것을 알았어요. 그래서 자기 부인에게 아이를 받으러 들어갈 때 다듬잇돌을 갖고 들어가라고 했어요. 아이가 나오려고 하면 다듬잇돌로 막으라고 시킨 것이지요. 박첨은 사주가 좋은 시간이 될 때까지 절대 아기가 나오면 안 된다고 부인에게 신신당부했어요. 딸의 산통이 심해지자 박첨 부인은 남편에게 "지금이 좋은가요?" 하고 물었어요. 박첨은 "아직은 아니오."라고 대답했어요. 잠시 후에 부인이 또 "지금이 좋은가요?" 하고 물으니 박첨은 또 "아직 아니오."라고 했어요. 또 한 번의 질문이 오갔지만, 아기는 그만 두 시간을 못 버티고 나와 버렸다고 해요. 박첨은 혀를 차며 조금만 더 늦게 나왔다면 수명이 환갑을 넘었을 텐데 하며 아쉬워했다고 합니다. 성삼문은 40도 못

넘기고 39세에 세상을 뜨고 말았어요.

성삼문은 1418년 6월 초에 태어났어요. 태어난 날짜는 기록에 남아 있지 않아서 정확히는 알 수 없어요. 성삼문이 태어난 1418년 6월은 충녕대군이 세자에 책봉된 해와 달이기도 해요. 충녕대군은 2달 후인 8월에 왕으로 오르니 그분이 바로 세종임금이랍니다.

성삼문은 고구려 시대부터 이어져 내려온 남귀여가(男歸女家) 풍습의 영향으로, 외갓집이 있는 충남 홍성군 홍북읍 노은리에서 태어났어요. 남귀여가 풍습은 남자가 여자 집으로 가서 결혼식을 올리고 그대로 여자 집에서 눌러 사는 것을 말해요. 성삼문의 아버지는 세조 때 지중추원사를 지낸 성승이고, 어머니는 현감 박첨의 딸인 죽산 박씨예요. 홍성의 홍북면 노은리에는 성삼문의 유허지가 있답니다. 유허지엔 유허비와 사당 그리고 노은단이 세워져 있어요. 1864년 대원군 시절에 노은서원이 철거되자 유생들은 사육신의 위패를 지금의 노은단에 모셨어요. 그러니까 노은단은 성삼문의 묘소가 아닌 사육신을 모신 곳이에요. 노은단 부근엔 성삼문의 외손 집으로 알려진 '엄찬고택'이 있어요. 고택에서는 노은서원이 건립되는 1676년 전까지 성삼문의 위패를 모시고 제사를 지냈다고 해요. 엄찬은 성삼문의 외손인 박호의 후손이에요. 엄찬고택에서는 병자사화 후 성삼문의 둘째 딸이 이곳으로 내려와 부친의 제사를 지내며 일생을 보냈다고 전해지기도 해요.

성삼문이 탄생했다고 알려진 노은단 앞마당에는 오동나무 한그루가 있었다는 기록이 있어요. 성삼문이 과거에 급제하자 집안에서 이 나무에 북을 달고 축하연을 베풀었다고 해요. 1936년 이 오동나무를 수호하기 위하여 담장을 축조했다는 사실이 비문에 실려 있어요. 동네 어르신에 의하면 노은단 앞의 오동나무 둥치에는 커다란 구멍이 있었는데 그 구멍으로 어린아이들이 숨바꼭질 놀이할 때 숨었다고 해요.

성삼문은 18살 되던 해인 1435년 세종 17년에 생원시에 합격했어요. 21살 때인 1438년 세종 20년에는 식년시 문과에 급제했어요. 식년시는 조선 시대 3년마다 정기적으로 시행된 과거를 말해요. 성삼문은 그 후 세종임금에 의해 능력이 인정되어 집현전 학사로 발탁됩니다. 1442년 세종 24년에는 '사가독서'에 선발되었어요. 사가독서란 조선 시대에 유능한 젊은 문신들을 뽑아 휴가를 주어 독서당에서 공부하게 하던 일로 1426년 세종 8년에 시작하여 세조 때 없어졌다가 1493년 성종 24년에 다시 실시하였으나, 병자호란을 계기로 없어진 제도를 말해요. 성삼문과 함께 사가독서에 참여했던 집현전의 학자들은 박팽년, 신숙주, 이개, 하위지, 이석형 등 6명이에요. 이들은 삼각산 진관사에서 숙식을 함께하며 공부했다고 합니다.

28살 되던 해인 1445년 세종 27년에는 신숙주와 함께 조선과 요동을 13차례나 왕래했어요. 그 결과물인 『동국정운』이 1447년 세종 29년에 완성되고, 이듬해인 1448년 10월에 출판되었어요. 『동국정운』은 우리나라에서 최초로 한자음을 우리의 음으로 표기한 책이에요. 신숙주, 최항, 박팽년, 이개, 강희안 등과 함께 연구한 사전이지요. 그렇게 바쁜 중에도 성삼문의 나이 30세인 1447년 세종 29년 8월 27일에 문과 중시에서 장원으로 합격해요. 36세인 1453년 단종 1년 4월 20일에는 집현전 직제학으로 승진합니다. 그러나 4일 후인 4월 24일 집현전 직제학으로 승진한 것이 부당하다고 성삼문은 상소를 합니다.

수양은 1453년 단종 1년 10월 10일 계유정난을 일으켜서 단종의 보호자들과 지지자 대부분을 죽이거나 유배를 보냈어요. 그리고는 11월 8일 계유정난에 가담하지 않은 성삼문에게 정난공신 3등의 칭호를 내렸지요. 성삼문은 11월 19일 공신의 호를 삭제해 달라고 요청했으나 임금은 허락하지 않았어요. 수양에게 양위를 해야 한다는 압박을 받기 시작한 단종은 1455년 6월 11일 수양에게 왕위를 물려주고 상왕으로 밀려나고 말았어요. 이에 성삼문 등 사육신이 주동이 되어 단종복위운동을 계획했는데 그만 사전에 발각이 되고 말았어요. 성삼문은 1456년 6월 8일 39세의 젊은 나이로 세조에게 죽임을 당합니다.

성삼문의 작품세계와 잘못 기록된 업적

충신으로 알려진 성삼문은 뛰어난 문장가로도 유명해요. 그는 스스로 매죽헌이란 호를 지었어요. 매화와 대나무의 집이라는 뜻이에요. 추운 겨울을 이기고 가장 먼저 봄을 알리는 꽃 매화를 옛 선비들은 무척이나 좋아했지요. 매화를 사랑한 선비로 우리는 퇴계 이황을 제일로 꼽지만, 성삼문도 퇴계 못지않게 매화를 좋아했어요. 선비들은 또한 몸이 곧은 대나무를 충절의 상징이라 여겨 시와 그림의 단골 소재로 즐겨 쓸 만큼 좋아했어요. 그러니 성삼문도 스스로 매죽헌이란 호를 지은 것 아니겠어요? 오늘은 매화와 대나무를 사랑한 성삼문의 잘 알려지지 않은 시 「배롱나무」를 한번 읽어볼까요? 엄찬고택의 뜨락에는 성삼문이 사랑한 배롱나무 한그루가 서 있답니다.

지난 저녁 꽃 한 송이 떨어지고(昨夕一花衰)

오늘 아침에 한 송이 피어서(今朝一花開)

서로 일백일을 바라보니(相看一百日)

너에 대하여 좋게 한잔하리라(對爾好衝盃)

-「배롱나무꽃」 전문

배롱나무꽃은 7월에 피기 시작하여 8월을 지나 9월까지 무려 100일 동안이나 오래 핀다고 하여 백일홍 나무라 불렀어요. 백일홍이 배기롱으로 바뀌었다가 지금의 배롱나무가 된 것이에요. 다른 꽃들은 대부분 꽃대마다 꽃이 거의 동시에 피지만 배롱나무 꽃은 아래서부터 차례로 피고 지고, 또 피고 지고를 반복하면서 위 가지까지 꽃이 올라가는 데 석 달이나 걸려요. 성삼문은 이렇듯 배롱나무를 잘 관찰했나 봐요. 그러니 꽃 한 송이가 피고 지고, 다른 송이가 피고 지고를 반복하며 계속 피어 일백일을 바라본다고 노래하고 있잖아요? 배롱나무의 붉은 꽃은 변함없이 계속해서 피는 꽃으로, 단종을 향한 식지 않는 그의 일편단심을 은유적으로 노래한 것이라고도 볼 수 있어요.

국립중앙박물관에 소장된 국가 보물인 『봉사조선창화시권』은 1450년 세종 32년에 명나라 사신 예겸과 그를 맞이한 정인지, 신숙주, 성삼문 등이 서로 주고받은 글 37편이 수록된 두루마리 책이에요. '창화'는 한사람이 노래를 시작하면 다른 사람이 화답하는 것을 말해요. 그러니까 조선과 중국의 시 배틀(battle)인 셈이지요. 중국 사신 예겸은 막 즉위한 명나라 경태제(재위 1449년~1457년)의 등극 조서를 조선에 반포하기 위하여 윤1월 1일 방문했어요. 성삼문, 정인지, 신숙주 세 사람은 예겸과 치열하게 시 대결을 펼쳤는데, 이때 주고받은 시 37편을 뽑아 길이 16m의 두루마리 시권으로 꾸몄어요. 이 당시 정인지는 54살, 신숙주는 33살, 성삼문은 32살이었어요. 『봉사조선창화시권』 시문에는 예겸의 글이 17편, 정인지와 신숙주 글이 각각 7편, 성삼문 글이 6편 실렸어요. 조선의 대표로 시 배틀에 참가할 정도로 성삼문의 시 창작 실력은 뛰어났어요.

성삼문의 시문집인 『성근보집』을 보면 을축년에 선생이 연경에 갔다고 쓰여 있어요.

근보는 성삼문의 자(字)예요. 그럼 연경에 갔을 때 지은 시를 살펴보아요.

> 그해에 말고삐 당기며 옳지 않다고 말을 했으니(當年叩馬敢言非)
>
> 대의가 당당하여 해와 달처럼 빛났어라(大義堂堂日月輝)
>
> 초목 또한 주나라 비와 이슬 젖은 것인데(草木亦霑周雨露)
>
> 부끄럽게도 그대들은 수양산 완두콩을 먹었구려(愧君猶食首陽薇)
>
> ―「백이와 숙제 비문을 바라보며」 전문

　이 작품은 동양 역사에서 의로움의 대명사로 거론되는 백이숙제 비문을 땀 뻘뻘 흘리게 했다는 바로 그 유명한 작품입니다. 2018년에 출판된 팽철호 작가의『중국 문학 속의 동식물』에 보면 백이와 숙제가 수양산에서 죽기 전까지 먹은 식물은 고사리가 아니라 야생 완두라고 해요. 우리는 그동안 '채미(採薇)'를 고비 또는 고사리로 알고 해석했는데 '미(薇)'는 콩과식물인 야생 완두라고 하네요. 그래서 이 글에서는 '미(薇)' 번역을 고사리가 아닌 완두콩으로 할게요.

　이 작품에는 서사가 숨어 있는데 백이와 숙제에 대한 배경 지식을 알고 읽으면 훨씬 더 재미있답니다. 백이와 숙제는 고죽국의 두 왕자였어요. 왕인 아버지는 막내인 숙제에게 자기 뒤를 잇게 하려고 하였어요. 그러나 숙제는 형인 백이에게 왕위를 양보했어요. 숙제는 왕위는 형인 백이가 잇는 것이 맞다고 했고, 형인 백이는 아버지 뜻대로 숙제가 잇는 것이 바르다고 했어요. 두 사람은 서로 양보하다가 백이가 영토 밖으로 도망치자 숙제도 그 뒤를 따랐어요. 고죽국에서는 할 수 없이 가운데 아들로 뒤를 잇게 하였어요. 둘은 고국을 떠나 여기저기 방황하다가 주나라 서울 풍읍에 당도해보니, 때마침 무왕이 아버지 문왕의 위패를 안고 주왕을 토벌하기 위해 출진하는 길이었어요. 두 사람은 무왕의 말고삐를 잡고 말렸어요. 아버지가 죽었는데 장사도 지내지 않고 싸움을 일으키려 하니 효도라고 할 수 있는가? 신하인 제후로서 천자를 죽이려 하는 것은 옳은 일이라고 할 수 있는가? 하는 이유였어요. 성삼문이 "그해에 말고삐 당기며 옳지 않다고 말을 했으니"의 배경에는 이런 서사가 숨어 있는 것이지요. 성삼문은 우리 독자가 이런 내용은 다 알고 있다고 생각한 듯해요. 이처럼 백이숙제 이야기는 조선 시대에 아주 유명한 이야기 였어요.

주나라의 무왕은 은나라를 빼앗았어요. 백이와 숙제는 주나라는 하늘의 도리와 사람의 도리를 어기고 세운 나라이니 주나라의 곡식은 절대 먹지 않겠다고 말하고, 수양산에 들어가 야생 완두콩을 먹고 살다가 마침내 굶어 죽고 말았어요. 성삼문이 백이와 숙제에게 큰소리치는 부분은, 주나라에 등을 돌렸다고 하면서도 그들이 먹은 야생 완두콩은 결국 주나라의 것이 아니냐고 비아냥거리는 것이에요. 백이숙제와 관련해서 더 재미있는 부분은 조선 시대에는 백이와 숙제를 의로운 인물로 높게 평가했어요. 그래서 중국 사신 단은 가는 길에 있는 백이와 숙제의 사당에 반드시 참배했다고 합니다. 게다가 사신단은 사당을 참배하면서 고사리로 된 반찬으로 식사를 하는 것이 전통이 되었다고 해요. 그러니 500명~600명이나 되는 사신단의 식량을 담당하는 사람은, 조선에서 출발할 때 말린 고사리를 반드시 준비해야 했대요. 박지원의 『열하일기』 속 「관내정사」 7월 27일(계묘일)에는 전날 백이숙제 묘에서 고사리를 넣은 닭찜을 먹은 연암의 이야기가 나옵니다. 그런데 연암은 소화가 잘되지 않았는지 "트림을 하면 고사리 냄새가 코를 찌르"고 "생강 차를 마셔도 여전히 속이 불편하다"라고 합니다. 연암은 문득 고사리가 어디서 났냐고 물어봅니다. 그러자

"대체로 이제 묘에서 점심을 먹는 것이 관례인데, 일 년 중 어느 때건 가리지 않고, 여기서는 반드시 고사리를 먹습니다. 우리나라에서 출발할 때부터 마른 고사리를 가지고 와서는, 이곳에 오면 국을 끓여 일행에게 먹입니다. 이미 오래된 이야기입니다만, 십 수 년 전에 건량청에서 고사리 챙기는 일을 잊어버려 빠뜨리고 온 적이 있었습니다. 이곳에 이르러 고사리를 내놓지 못하게 되자, 건량관이 서장관에게 매를 맞고는 물가에 앉아서

"백이 숙제, 백이 숙제야! 나하고 무슨 원수를 졌느냐? 나하고 무슨 원수를 졌느냐?" 하며 통곡하였지요. 듣기로 백이와 숙제는 고사리로 연명하다가 굶어 죽었다 하니 고사리는 사람 잡는 독초인가 봅니다."

시작(詩作)하는 성삼문

　라는 재미있는 내용도 있네요. 이 모두가 한자 미(薇)를 '고비 미'로 잘못 번역을 해서 생긴 에피소드예요. 그러니 의를 중요하게 생각한 조선에서 건량청(乾糧廳)까지 설치했던 것 아니겠어요? 건량청은 조선 시대 중국에 가는 사신이 가지고 갈 양식을 준비하던 관청이고 건량관(乾糧官)은 그 양식을 담당하던 관원을 말합니다.

　백이숙제에게 한소리 한 이 작품은, 세조가 내린 곡식을 한 톨도 먹지 않고 쌓아 둔 성삼문의 절개를 미리 보여준 시라고 할 수 있어요. 이번에는 성삼문의 대표 시 「수양산 바라보며」를 읽어보아요. 이 작품은 「백이와 숙제 비문을 바라보며」 작품과 내용이 비슷한데 이 시에도 '미(薇)'가 들어가 있어요.

수양산을 바라보며 백이와 숙제를 한탄하노라.

차라리 굶주려 죽을지언정 완두콩(채미採薇)을 먹었단 말인가?

비록 푸새엣 것인들 그것이 누구의 땅에서 났는가?

- 「수양산 바라보며」 전문

시는 중의적 표현을 사용함으로써 다양한 해석이 가능한데요. 이 시에서 중의적 표현은 바로 '수양산'이에요. 수양산은 백이와 숙제가 완두콩을 먹고 굶어 죽은 산이기도 하고, 또 수양대군을 나타내는 말이기도 해요. 「백이와 숙제 비문을 바라보며」에서 설명했듯이 백이와 숙제는 주나라의 전설적인 성인으로 불리는 분들이에요. 주나라 무왕이 은나라 주왕을 멸망시켰는데, 백이와 숙제는 신하가 황제를 토벌한다고 반대했어요. 그래서 주나라의 곡식 먹기를 거부하면서 수양산에 들어가서 굶어 죽었다고 전해지는 인물이에요. 지조와 절개를 상징하는 대표적인 인물로 칭송받고 있는 백이와 숙제를 성삼문은 한탄한다고 말하고 있어요. 이는 백이와 숙제에 대한 대단한 비판이기도 하고 동시에 수양대군에 대한 강한 비판이기도 해요. 왕이 싫어서 수양산에 들어갔으면 차라리 그냥 굶어 죽지, 왜 왕의 땅에서 난 나물을 먹었느냐고 한탄하고 있는 거예요. 그러면서 자기는 굶어 죽으면 죽었지 왕의 땅에서 난 나물은 절대로 먹지 않겠다고 한 말이에요. 완두콩으로 번역한 채미도 수양인 세조가 내리는 녹(祿)을 표현한 거라고 볼 수 있어요. 중장에 썼던 채미(採薇)를 종장에서는 푸새엣이라고 굳이 표현한 것을 보면 성삼문은 채미(採薇)의 미(薇)가 야생콩과식물이란 것을 알았던 것 같아요. 푸새엣은 푸새를 말하는 것으로 산과 들에 저절로 나서 자라는 풀을 말하는 거예요. 비슷한 말로 푸성귀가 있는데 푸성귀는 집 뜰이나 들밭에서 사람이 가꾼 채소를 말합니다. 예나 지금이나 중국인들은 우리처럼 고사리를 즐겨 먹지는 않았던 것 같아요. 그들에게 고사리는 어쩌면 한낱 풀이지 않았을까요? 백이숙제가 산나물인 고사리를 먹을 것으로 알고 먹었다면 굶어 죽지는 않았을 거란 엉뚱한 생각이 듭니다.

노은단의 낙락장송
(홍성군 홍북읍 노은리 산 21-2)

그러니까 성삼문은 자신은 왕에게서 받은 것이 하나도 없다고, 깨끗하다고 큰소리치고 있는 거예요. 어때요? 성삼문의 기개가 대단하지 않나요? 이번에는 성삼문의 또 다른 작품 「이 몸이 죽어 가서」도 읽어보아요.

이 몸이 죽어 가서 무엇이 될꼬 하니

봉래산 제일봉에 낙락장송 되었다가

백설이 만건곤할 제 독야청청하리라.

– 「이 몸이 죽어 가서」 전문

봉래산은 동쪽 바다 한가운데에 있는 신선이 사는 곳인데요, 그곳엔 늙지도 않고 죽지도 않는 약이 있다고 합니다. 또한, 봉래산은 여름의 금강산을 달리 이르는 말이기도 해요. 그러니까 봉래산은 신선이 사는 곳이기도 하고 금강산이기도 한 신선한 땅을 말합니다. 세속에서 벗어난 깨끗하고 순수한 공간을 의미한다고 볼 수 있어요. 이렇게 순수한 공간의 제일 높은 봉우리에 낙락장송이 되어 온 세상이 백설로 뒤덮일 때 독야청청하겠다고 했어요. 식물 대부분은 햇빛을 향해 가지를 뻗는 일향성을 갖고 있어요. 그러나 낙락장송은 가지가 땅을 향해 늘어뜨린 큰 소나무를 일컫는 말이에요. 낙락장송은 하루아침에 만들어지는 것이 아니고 오랜 세월 비와 눈바람을 맞고 살아남아야 비로소 완성되는 것이에요. 땅을 향해 가지를 뻗은 소나무인 낙락장송이 되어 홀로 푸르겠다는 독야청청은 어찌 보면 죽음 이후를 이야기하는 것도 같아요. 사진은 노은단에 있는 낙락장송이에요. 세상을 굽어보는 자태가 늠름하지요? 또한, 이 작품에는 백설이란 시어가 나오는데 우리는 백설을 주로 깨끗함의 상징으로 표현합니다. 그래서 순수함을 이야기할 때 '눈같이 희다'라거나 '백설처럼 깨끗하다'라는 표현을 주로 사용합니다. 그런데 이 작품에서는 백설을 순수가 아닌 더러운, 잘못된 것으로 상징했어요. 실제로도 백설은 겉으로는 희지만 녹을 때 보면 온갖 더러움이 남는 것을 볼 수 있어요. 성삼문은 백설에 대한 고정관념을 깨버린 대단한 발견을 한 것이에요. 우리는 문학작품을 쓰고 읽을 때 이런 고정관념에서 벗어나기가 쉽지 않아요. 그렇다고 해서 고정관념을 깨야 한다고 독야청청(獨也靑靑)을 과학적으로 접근해서 소나무가 홀로 푸르기 위해서 타감(他感)작용을 한다고까지 굳이 해석할 필요는 없답니다.

조선 시대의 천재로 평가되는 성삼문의 시 세계를 살펴보기 위해 시문집인 『성근보집』을 살펴보았어요. 이것은 영조 이후에 출판된 것으로 추정되는데, 4권 1책 목판본으로 국립중앙도서관과 규장각 도서에 소장되어 있어요. 이 책 중 2권에 나오는 「팔가시선」의 서문을 읽고는 소름이 돋았어요. 시를 대하는 경외감에 전율이 일어서 한국 고전문학번역원에 번역을 그대로 옮겨 볼게요. 한자가 섞여 있어서 어렵게 보이지만 실제로는 내용이 어렵지 않으니 한번 읽어봅시다.

내가 어느 날 비해당(안평대군)이 편찬한 『당송팔가시선』을 얻게 되었다. 향불을 피워 놓고 옷깃을 여미며 재삼 읽어보고 나서, 삼가 재배하고 머리를 조아리며 말하기를 "시의 문체가 고금에 변천이 있기는 하나 학자들이 함께 업으로 삼아 만세 토론 바꾸지 못할 문체가 네 가지 있다. 그것은 바로 아송(雅頌), 소사(騷些), 고시(古詩), 율시(律詩)를 말한다. 아송은 성인의 손에서 나와서 세상에 전하여 교육의 바탕이 된 것을 말하며, 소사는 주자가 집주한 『초사』를 말하며, 고시의 경우는 유리가 뽑은 시를 세상의 학자들이 원조로 삼아 존중하고 있거니와, 율시의 경우는 선정한 자가 비록 한 사람만은 아니지만, 대우(對偶)만을 중시하여 아무런 힘이 없는 문장을 숭상하는 데 지나지 않으니, 대인군자가 이 점을 못마땅하게 여겨 왔다.

그런데 삼가 이 시선집을 보니, 팔가 외에 다른 작품은 모두 버리고 수록하지 않았으며, 그 취하고 버린 기준이 지극히 정밀하고 엄격해서 일반 상식을 훨씬 뛰어넘었다. 그러나 지금까지 흘러온 세월은 멀고 작자도 많은데, 지금 뽑은 것이 겨우 팔가의 시에 국한했고 팔가에서 취한 것도 몇 수에 그쳤으니, 혹자는 취한 것이 광범위하지 못한 것이 아닌가 하고 의심할 수도 있겠다.

대개 품질 좋은 옥이 곤산에서만 나는 것은 아니다. 그런데 세상에서 옥에 대하여 말하는 자가 곤산을 최고로 치는 것은, 곤산의 옥이 천하에 가장 많기 때문이다. 대저 곤산 부근에서는 까치에 던지는 것도 다 옥이라는 말이 있으니, 옥이 진실로 많기도 하다. 그러나 그 속에서 채택한 것은 반드시 빛이 온화하면서 윤택하고 입자가 조밀하면서 단단한 것이어서 두드리면 그 소리가 맑고 멀리 퍼진다. 그렇다면 그 묘법은 채택하는 자에게 달린 것이다.

군자가 시를 취하는 것도 역시 이와 같다. 그 작품이 진실로 성정에서 발로되어 풍속의 교화에 영향을 주지 못하거나, 선악이 사람을 권장하거나 징계하기에 충분하지 못한 것이라면, 모두 취하지 않을 것이다. 아, 시가 주나라 때에 이르러 극도로 성했지만, 성인이 채록하여 뒷날의 교훈으로 삼은 것은 겨우 311편뿐이었고, 굴평, 송옥, 소무, 이릉의 뒤에도 시부의 작품이 주나라보다 배는 되었지만, 주자나 유향이 교정해 수록한 것이 역시 많지 않았으니, 시를 어찌 많다고 하겠는가. 결코, 많은 것이 아니다.

아, 만세의 담벼락을 뚫어서 학자가 밝은 길을 열어 준 것은, 우리 부자께서 한번 산정(刪定)해 주신 공이다. 『초사』나 선시의 작품이 모두 아송을 도와서 성인의 교화에 큰 공을 세웠으니, 지금 이 선집이 명현의 아름다운 작품을 채록하고, 시학의 빠진 부분을 보충함으로써 오늘날 사람이나 후세 사람들이 시의 여운을 알게 하여, 선한 마음을 일으키고 악한 마음을 징계하는 바가 있게 한다면 그것도 역시 성현의 뜻이 아니겠는가." 했다. 삼문이 직접 이 성대하고 아름다운 글을 보았으므로 한마디 하지 않을 수가 없기에 이상과 같은 서문을 쓰는 바이다.

－「당송팔가시선」 서문 전문

　역사를 공부하다 보면 불편한 진실을 만나곤 하는데 성삼문의 업적에 관해서도 왜곡된 부분이 있어요. 성삼문은 세종이 훈민정음을 만들 때 요동에 유배 중이던 유명한 명나라 한림학사 황찬에게 13번이나 찾아갔어요. 그의 이런 행적은 세종이 1446년 역사적인 훈민정음을 반포하는데 숨은 공으로 칭송받고 있어요. 훈민정음 창제를 위해 세종이 얼마나 고심하고 노력했는가를 입증하는 사례로 인용되곤 하지요. 그러나 성삼문과 신숙주가 요동의 황찬을 찾아간 일은 훈민정음 창제와는 관계가 없어 보여요. 그들이 요동의 황찬을 처음 찾아간 것이 1445년 1월 7일부터이고 세종대왕이 훈민정음을 창제한 해는 세종 25년 1443년 12월 30일이기 때문이에요. 『세종실록』 세종 27년 1월 7일을 보면 신숙주와 성삼문, 손수산을 요동에 보내서 운서를 질문하여 오게 했다고 적고 있어요. 운서는 사전 같은 것으로 한자의 정확한 발음을 통일시키고자 한 것으로 보입니다. 당시 한자의 발음은 조선뿐만 아니라 명나라에서도 통일되지 않았다고 해요. 황찬을 만나고 온 신숙주와 성삼문 등은 1447년 『동국정운』이라는 결과물을 내놓아요. 성삼문의 나이 30살 때의 일이에요.

　성삼문과 신숙주는 절친한 친구였어요. 후대에 와서 둘은 정 반대의 평가를 받게 됩니다. 한명은 '사육신'으로 불리며 의로움과 충신의 대명사로 불리고, 또 한 명은 세조의 집권을 도운 역사의 '변절자'로 불려요. 심지어 사람들은 녹두나물이 쉽게 쉬는 것을 그의 이름에 비유해서 '숙주나물'이라 부르기 시작했어요. 녹두나물을 숙주나물로 부르게 된 데에는 또 다른 이야기도 전해져 옵니다. 세조의 총애를 받던 신숙주는 평소에 녹두나물을 즐겨 먹었는데, 이 사실을 전해들은 세조가 앞으로는 녹두나물을 숙주나물이라 부르라고 해서 숙주나물로 부르기 시작했다고 하는 이야기도 있어요. 신숙주에 대해서 우리가 잘못 알고 있는 내용 중에는 신숙주의 부인이 신숙주가 살아서 집에 들어서자 목을 매 자살했다는 이야기예요. 작자 미상,『만고의 열신 신숙주 부인전』과 이광수의 소설『단종애사』에는 신숙주의 부인 윤씨 부인이 목을 매 죽었다고 되어 있어요. 그러나 1456년『세조실록』1월 23일에는 "대제학 신숙주의 처인 윤씨의 상을 당했는데 이때 신숙주는 사신으로 명나라에 가 있었다"라고 기록되어 있어요. 실록의 기록이 맞는다면 성삼문이 거열형으로 죽은 것은 6월 8일이니, 1월 23일에 죽은 신숙주의 부인 윤씨는 이미 5개월 전에 사망한 것이 돼요. 문학작품 내용과 실록의 기록이 다른 것을 알 수 있어요. 문학작품에는 허구가 사용돼요. 허구는 사실이 아닌 것을 사실처럼 꾸며서 쓰는 것을 말해요. 그렇지만 이광수는『단종애사』를 쓰면서 역사 기록은 정사보다는 야사에 정확한 내용이 많다고 말했어요.

성삼문, 신숙주 두 사람은 절친한 친구였지만 성격은 달랐다고 해요. 성삼문이 직선적이고 열정적인 데 비해 신숙주는 침착하고 이지적이었다고 합니다. 신숙주와 성삼문은 세종과 문종의 고명대신이었어요. 문종에게 어린 단종을 잘 보필해 달라는 유언을 듣지만 둘은 서로 다른 길을 선택합니다. 문종이 죽고 어린 단종이 즉위했을 때 급기야 둘의 사이는 갈라졌어요. 성삼문은 충성과 의리를 지키기 위해 어린 단종의 지위를 지키고자 했고, 신숙주는 충절보다는 현실적인 입장에서 왕권 강화를 위해 큰 역할을 하고자 했어요.『세조실록』1457년 9월 10일 기록을 보면 신숙주는 노산군과 금성대군을 죽이라고 임금께 요청하기까지 해요.『연려실기술』에는 단종을 죽이자고 청한 대신 중에 으뜸이 정인지이고, 신숙주가 다음이라고 기록했어요. 세조는 신숙주를 아끼고 신뢰했는데 1457년『세조실록』세조 3년 3월 15일에 보면 "신숙주를 나의 위징이라고 칭찬하고 사관에게 기록하게" 했다고 했어요. 한 인물에 대한 평가는 시대마다 다르게 평가됩니다. 최근 신숙주에 대한 평가는 지금까지의 부정적인 태도에서 현대적 시각으로 현실의 중요성을 인식한 냉철한 판단력이었다고 긍정적으로 평가받고 있기도 합니다.

단종 복위 운동

조선은 태종을 거쳐 세종대에 이르러서야 차츰 안정을 찾아갔어요. 그러나 세종의 뒤를 이은 문종이 일찍 세상을 뜨면서 다시금 혼란해졌어요. 훈구파와 절의파의 대립이 표면에 드러난 것이에요. 훈구파는 세조의 왕위찬탈을 도와 조정의 실권을 잡은 공신 세력들을 말하고, 절의파는 세조의 왕위찬탈에 항거하여 목숨을 잃거나, 세상을 등지고 일생을 마친 학자들을 말합니다.

조선의 다섯 번째 임금인 문종은 왕위에 오른 지 2년 3개월 만에 세상을 떠났어요. 뒤를 이어 열두 살 어린 세자가 왕위에 올라요. 그가 바로 단종이에요. 당시 왕실에는 수렴청정해 줄 직계 어른이 한 사람도 없었어요. 문종은 세상을 떠나기 전 성삼문, 박팽년 등의 집현전 학자들과 황보인, 김종서 등을 불러 어린 세자를 부탁했어요. 우리는 그들을 고명대신이라 불러요. 고명대신이란 뒷일을 부탁하는 임금의 유언을 받은 대신을 말합니다. 이로써 황보인과 김종서 등은 어린 임금을 보필하는 권력을 누리게 되었어요. 이에 수양을 비롯한 왕실 종친들은 고명대신들에게 불만을 품게 되었어요.

문종의 갑작스러운 죽음은 많은 의혹을 낳았어요. 수양대군이 실권을 쥐고 있을 때 편찬한 『문종실록』에도 사관들이 의혹을 제기했다고 적혀 있어요. 『조선왕조실록』은 문종의 죽음이 상극의 음식 궁합과 연관된 것으로 의심한다고 했어요. 문종은 종기를 앓고 있었는데 종기와는 상극 음식인 꿩고기를 문종의 수라에 올렸다는 점을 들었어요. 결국, 문종이 꿩고기를 먹고 급작스럽게 사망하자 책임을 물어 전순의를 어의에서 전의감 청지기로 강등시켰어요. 그러나 어의 전순의는 세조의 즉위와 함께 원종공신이 돼요. 세조의 이런 행동이 문종의 암살 의혹을 부추기고 있어요. 그러나 TV 역사프로그램인 〈역사 저널 그날〉에서 모 교수는 문종 독살설을 정면으로 부인하고 문종의 죽음은 스트레스와 건강 악화에 따른 결과라고 주장을 했어요.

어린 단종의 즉위는 재상들의 황표정사와 같은 비리 정치를 가져왔어요. 황표정사는 의정부 대신들이 낙점한 사람의 이름에 황표를 붙이면, 임금이 형식적으로 이를 낙점하던 일을 말하는데 그 결과 의정부의 권한이 강화되었어요. 결국, 이것은 수양대군의 계유정난을 초래했어요. 그리고 계유정난은 단종 복위 운동을 불러온 것이에요.

세종은 큰 호랑이 대호라는 별명을 가진 둘째에게 수양대군이라는 호칭을 내려주었어요. 그의 야심을 미리 알고 있었던 것 같아요. 세종 임금이 수양이란 이름을 지어준 데는 수양산에 들어가 야생 완두콩을 캐 먹고 죽은 백이와 숙제를 닮아라, 적어도 그런 삶을 살아가라는 아비의 바람이었을 거예요. 앞으로 닥칠 혼란과 위험을 미리 감지했던 것이 아니었나 싶어요. 세종은 온화했어요. 많은 사람은 세종의 성품상 누구를 미워하거나, 정치적으로 위험한 요인을 미리 잘라내지는 못했을 것이라고 생각해요. 세조는 아버지인 세종을 닮지 않고 할아버지인 태종의 기질을 닮은 것 같아요. 아버지를 닮았다면 결코 계유정난을 일으키지는 않았을 테니 말이에요.

수양대군은 1453년 단종 1년 10월 10일 '황표정사'의 주범인 황보인, 김종서 등을 죽이고 정권과 병권을 잡았어요. 수양은 젊고 능력 있는 성삼문을 자기편으로 삼고자 했어요. 그래서 성삼문이 직접 계유정난에 가담하지 않았는데도 불구하고 그에게 정난공신 3등의 칭호를 내렸어요. 정난공신이란 역모를 사전에 알아채서 국가의 위난을 평정하는 데 협력한 43명을 말합니다. 공신 칭호를 받은 성삼문은 이를 사양하는 상소를 올렸지만, 그에게는 굴욕적인 공신에 책봉되고 말았어요. 1453년 단종 1년 11월 19일과 24일에 보면 성삼문이 공신의 호를 삭제해달라고 임금께 간곡히 청하고 있어요.

사간원은 위로 인군의 득실을 말하고, 아래로 대신과 더불어 시비를 가리는 것이니, 자신의 결함이 조금도 없어서 남이 비난하여 의논할 수 없는 사람이 아니면 하루도 이 직임에 있어서는 안 됩니다. 어찌 신과 같이 용렬하고 유약한 자가 외람되게 그 직책을 도적질할 수 있겠습니까? 엎드려 바라건대, 신의 직임을 파하여 현능한 사람으로 대신하소서.

– 『단종실록』 단종 1년 11월 24일

그는 이처럼 세조에게 받은 공신이란 칭호가 부담스럽고 창피스러웠던 것이에요. 그러나 단종이 왕위에 있는 동안에 그는 1454년에 집현전 부제학이 되고 예조참의를 거쳐, 1455년에는 예방승지가 된답니다. 예방승지라는 자리는 1455년 윤6월 수양대군의 윽박으로 단종이 상왕으로 물러나고, 옥새를 수양에 전해줘야 하는 비서의 자리였어요.

> 세조가 선위를 받을 때 자기는 덕이 없다고 사양하니, 좌우에 따르는 신하들은 모두 실색해 감히 한마디도 내지 못했다. 성삼문이 그때 예방승지로서 옥새를 안고 목 놓아 통곡하니, 세조가 바야흐로 겸양하는 태도를 보이다가 머리를 들어 빤히 쳐다봤다.
>
> –『연려실기술』 제4권 단종조 고사 본말

성삼문은 예방승지라는 직책상 어쩔 수 없이 수양에 옥새를 전달했어요. 전달하면서 울음을 터뜨렸고 절친한 친구 박팽년이 경복궁 경회루 연못에 빠져 죽으려는 것을 성삼문이 후일을 기하자고 하며 만류하였다고 『연려실기술』에는 기록되어 있어요. 또한 박팽년은 얼마 후 충청도 관찰사로 나가서 1년 동안 있으면서 장계(狀啓)에 신(臣)자를 쓰지 않았다고「육신전」에는 기록하고 있어요. 그러나 『조선왕조실록』 단종 3년인 1455년 4월 4일에 이미 충청도 관찰사 박팽년의 장계가 존재하고 있어요. 박팽년은 수양대군이 왕위를 빼앗기 전에 충청도 관찰사로 근무하고 있었던 거예요. 그러니까 1455년 윤6월 11일 성삼문이 예방승지로서 수양에게 옥새를 전달할 당시에는 한양에 없었다고 봐야 합니다. 박팽년이 경회루 연못에 빠지려고 했다는「육신전」기록은 역사적인 사실이 아니라 허구인 셈이지요. 또한 세조는 박팽년의 재주를 사모해 조용히 사람을 시켜서 "네가 내게 항복하고 같이 역모를 안 했다고 숨기면 살 수 있을 것이다"라고 전했으나 박팽년 역시 성삼문처럼 세조를 '전하'가 아니라 '나리'라 부르며 거절했다고「육신전」에는 기록하고 있어요. 그러나 이 또한 실록의 기록과는 달라서 우리를 혼란스럽게 합니다. 『조선왕조실록』에서는 곤장을 맞자 아버지를 포함해 가장 많은 인원을 자백한 것으로 기록되어 있거든요. 이처럼 실록의 기록은 우리가 알고 있는 내용들과는 많이 다르답니다. 성삼문과 마찬가지로 박팽년의 시신은 거열되어 목은 효수되고, 나머지 시신은 8도 전역에 전시되었다고 해요.

> 박팽년에게 곤장을 쳐서 당여(黨與)를 물으니, 박팽년이 대답하기를,
>
> "성삼문, 하위지, 유성원, 이개, 김문기, 성승, 박쟁, 유응부, 권자신, 송석동, 윤영손, 이휘와 신의 아비였습니다."
>
> 하였다. 다시 물으니 대답하기를,
>
> "신의 아비까지도 숨기지 아니하였는데, 하물며 다른 사람을 대지 않겠습니까?"
>
> 하였다. 그 시행하려던 방법을 물으니, 대답하기를,
>
> "성승, 유응부, 박쟁이 모두 별운검이 되었으니, 무슨 어려움이 있겠습니까?"
>
> 하였다. 그 시기를 물으니 대답하기를,
>
> "어제 연회에 그 일을 하고자 하였으나 마침 장소가 좁다 하여 운검을 없앤 까닭에 뜻을 이루지 못하였습니다."
>
> –『세조실록』세조 2년 6월 2일

단종 복위 운동은 1455년 세조 1년 10월경 계획을 세웠어요. 모사 날은 다음 해 6월 1일로 잡혔어요. 1456년 6월 1일은 창덕궁에서 본국으로 떠나는 명나라 사신의 환송연이 있을 예정이었어요. 이날 성삼문의 아버지 성승과 유응부가 왕 양쪽에 칼을 들고 서서 지키는 별운검에 지명이 되었어요. 그래서 절호의 기회인 이날을 거사 일로 잡은 것이지요. 그런데 거사는 취소되었어요. 「육신전」에는 별운검을 한명회가 막았다고 나와요. 그러나 실제로는 운검을 취소시킨 건 세조이고, 성삼문이 취소가 부당함을 들어 반대했으나 신숙주가 찬성하여 취소되었다고 해요. 취소 이유로는 연회 장소로 정한 창덕궁 광연전이 좁고 더위가 심하다는 것이었어요. 무인이었던 유응부 등은 일이 늦춰지면 탄로날 가능성을 제기하면서 계획대로 일을 추진하자고 했고, 성삼문과 박팽년은 하늘의 뜻이니 거사 날짜를 연기하자고 했어요. 사육신과 함께 거사 계획을 같이했던 김질은 불안

한 마음에 장인인 정창손을 찾아가 내막을 알리고 상의했어요. 정창손은 사위 김질과 함께 그길로 궁궐로 달려가 세조에게 거사 계획을 알렸고, 그날로 단종 복위 운동을 계획한 성삼문을 비롯한 인사들은 모두 붙잡혀갔어요. 세조는 능력 있는 이들이 아까웠는지 박팽년, 하위지 등에 신숙주를 보내 회유했으나 실패했다고 해요.

병자년 1456년 세조 2년에 거사가 발각되자 세조가 그의 재주를 아껴서 비밀리에 타이르기를, "네가 만약 그런 일이 없었다고 스스로 변명만 한다면 죽음을 면할 수 있을 것이다."라고 하자, 하위지가 웃으며 대답하기를, "남들이 반역으로 지목한 이상 그 죄는 응당 죽어야 하오. 무엇 하러 물어보는 거요."라고 했는데, 성삼문과 함께 같은 날에 죽었다.

－『연산군일기』 1498년 7월 12일

거사가 사전에 발각되어 공모한 이들은 끔찍한 고문을 당해요. 이 사건의 내용이 『세조실록』과 「육신전」에 나오는데 두 책의 기록이 달라요. 두 기록 모두 단종 복위 운동 주동자로 성삼문의 이름이 나와요. 그러나 고문의 방법 등은 완전히 다르게 나온답니다. 『세조실록』에서는 세조가 몽둥이로 성삼문을 고문했다고만 썼으나, 「육신전」에서는 세조가 불로 달군 쇠로 고문했다고 내용까지 상세히 쓰고 있어요. 「육신전」에 나오는 끔찍한 이 기록을 뒷받침할 내용이 있는데, 실학자 이긍익이 30년에 걸쳐 편찬한 조선 시대 야사집인 『연려실기술』에 상세히 기록되어 있어요. "성삼문의 종이 울면서 술을 따라 올리자 삼문이 허리를 굽혀 종이 따라 준 술을 마셨다"라는 기록이에요. 성삼문이 형장에 끌려가기 전 세조에 의해 이미 수족이 잘려져 있었다는 것을 알 수 있는 대목이에요. 당시 성삼문의 손이 있었다면 허리를 굽히지 않고 손으로 받아 마셨을 것이기 때문이에요. 그러므로 어떤 사람들은 「육신전」의 기록이 『세조실록』보다 더 정확하고 상세하게 당시 상황을 기록했다고 말하기도 합니다. 세조가 성삼문을 어떻게 고문했는지 『조선왕조실록』 세조 2년 6월 2일자 기록을 조금 더 살펴보아요. 성삼문은 처음에는

역모로 끌려가는 성삼문

숨기려고 하다가 세조가 모든 것을 다 알고 있다고 하자 가담자들을 줄줄이 말하기 시작해요. 심문과 답변 위주로만 기록된 실록의 기록만 보자면 성삼문은 곤장을 맞고 세조의 추궁에 가담자들을 줄줄이 밝히는 꼴이 되는 것이지요. 하지만 「육신전」의 기록은 끔찍해요. 시뻘겋게 달군 쇠로 고문을 해도 굴하지 않고 세조를 '전하'라 하지 않고 '나리'라고 불렀다고 기록하고 있어요. 세조가 네놈이 나를 나리라고 부르는데 그럼 내가 준 녹은 왜 먹었냐고 하자 성삼문은 나리가 준 녹 따위, 하나도 안 먹었다고 말해요. 실제로 성삼문의 집 창고에 가서 확인해보니 정말로 녹이 그대로 있었다고 기록하고 있어요.

당시 성삼문에게는 대여섯 살쯤 되는 딸이 있었는데, 아버지의 마지막을 보고자 수레를 따르며 울며 뛰어왔어요. 성삼문이 돌아보며 말하기를 "사내자식은 다 죽을 것이고, 너는 딸이니까 살 것이다"라며 달랬다고 해요. 이 딸이 나중에 어머니와 함께 노비로 살아가게 될 효옥이에요. 성삼문이 거열형으로 참혹한 죽음을 맞이한 것은 1456년 6월 8일 낮이었어요. 이날의 『세조실록』에는 성삼문, 이개, 하위지, 박중림, 김문기, 성승, 유

성승장군 부부 묘(홍성군 홍북면 대인리)

응부, 권자신 등이 세조 앞에 끌려와서 국문을 당했는데, 세조는 백관들을 군기감 앞길에 모이게 하여 이개 등의 거열형을 보게 하고, 3일 동안 저잣거리에 효수했다고 적고 있어요. 또한, 친자식들도 모조리 교수형에 처하고, 어미와 딸, 형제, 자매들은 변방 고을의 노비로 보내라고 명했다고 기록돼 있어요. 『연려실기술』에 따르면 김시습은 성삼문, 박팽년, 유응부, 성승 등 다섯 시신을 수습해 노량진에 묻고 작은 돌로 묘표를 대신했다고 전합니다.

성삼문의 아버지 성승은 무과에 급제한 무신이며 세조 2년인 1456년에는 지중추원사가 된 인물이에요. 단종이 세조에게 왕위를 선위했다는 소식에 집에서 두문불출하며 사흘 밤낮을 통곡했다고 해요. 성승은 성삼문, 성삼빙, 성삼고, 성삼성의 4남을 두었어요. 장남인 성삼문은 성원, 성맹첨, 성맹평, 성맹종, 성헌, 성택과 작명도 하지 못한 갓난 아들 등 7남을 두었어요. 세조 2년 단종 복위 사건의 주모자로 본인은 물론이고 아들 넷을 모두 잃었어요. 그뿐만 아니라 손자들도 모두 죽임을 당하는 수모를 겪었답니다.

성삼문의 할아버지 성달생의 묘는 파주시 법원읍 금곡리 관모봉 아래(성부터, 성깃터)에 있어요. 아들인 성승과 손자인 성삼문이 병자사화에 연루되어 역신의 아버지, 할아버지로 묘소가 파헤쳐진 채로 수백 년을 내려오다가. 300여 년이 지나서야 신원이 되어 비석과 석물들을 찾아냈다고 합니다.

『세조실록』 1456년 9월 7일자에 보면 성삼문의 가산은 몰수되고, 아내인 차산과 딸 효옥은 운성부원군 박종우의 노비가 되었다고 적혀 있어요. 성삼문의 살아남은 딸은 효옥과 박임경에게 시집간 맏딸과 유자미의 며느리가 된 손녀, 엄씨에게 시집간 딸 등이 살아남았어요. 이후 부인이 신주를 만들어 제사했고, 부인이 죽은 후에는 외손 박호에게 이안되어 외손봉사를 했어요. 박호도 아들이 먼저 사망해서 신주를 인왕산에 묻었다고 해요. 1672년 신주가 발견되어 송시열 주관 하에 홍주 성삼문 고택으로 모셨고, 1871년에 노은서원이 훼철되어 노성에 있는 외손 박증 재실로 모셨다가 1903년 성삼문 방손이 봉사손으로 허락을 받게 돼요. 그래서 현재 세종시 금남면 달전리 성씨 집성촌에 〈문절사〉란 사우를 지은 거예요. 이곳은 2012년 12월 31일 세종시 문화재자료 1호로 지정되었어요.

세조 2년의 실록에 의하면 1456년 6월 6일 집현전 학사들이 단종 복위 거사의 중심으로 밝혀지자, 세조는 1420년에 세종이 설치한 학문연구기관 집현전을 37년 만에 폐지합니다. 당연히 경연도 정지되었어요. 임금과 신하가 모여 정치와 학문을 강론하는 자리를 없앤 것이에요. 세조의 이런 정책은 선비들의 반감을 샀어요. 이들 중에는 사육신의 충절을 따르려는 자들이 많았어요. 이들은 중앙 관직을 버리고 대부분 지방으로 내려가 성리학 연구와 후진 양성에 힘을 기울이기 시작해요. 이들에 의해 조선 전기 사림파의 뿌리가 형성되는 것이지요.

세조는 사육신을 참혹하게 죽이고는 시신을 전국 각지로 보냈어요. 반역하는 자는 이처럼 엄중하게 처벌할 것이라는 본보기를 보이기 위함이었어요. 이 당시 탄생했을 법한

일지총(논산시 가야곡면 양촌리)

논산에 있는 일지총에 얽힌 전설이 있어요.

거열형을 당한 성삼문의 시신 일부를 지게에 지고 가던 인부가 고개를 넘게 되었어요. 인부는 한여름이라 날씨는 무덥고 지게도 무겁고 냄새도 나고 해서, 지게를 향해 투덜거렸어요. 그때 등 뒤에서

"아무 곳에나 묻어라."

하는 소리가 들려왔어요. 인부는 기겁을 하고 시신을 버리고는 나 살려라 하고 도망갔어요. 세월이 흐른 후 어떤 선비가 인근의 쌍계사에서 잠을 자는데 꿈속에 한 남자가 나타나 말했어요.

"지금 내가 있는 곳이 얼마나 더럽고 추운지 모르겠소."

라며 하소연했어요. 선비는 잠에서 깨어나 스님에게 꿈 얘기를 했어요. 스님은 성삼문의 묘소가 근처에 있다고 말했어요. 선비는 스님의 말을 듣고 근처의 묘소를 찾아가 보았어요. 묘는 비바람에 파헤쳐지고 유골은 밖으로 드러나 있었어요. 선비는 입고 있던 적삼

성삼문 처 김차산의 묘(홍성군 홍북읍 대인리 산 20-1번지)

을 벗어 유골을 정성껏 감싸서 땅을 파고 봉분을 만들었어요. 이후로 사람들은 그 무덤을 일지총이라 부르기 시작했어요. 논산시 가야곡면 양촌리 산 58번지에 있는 일지총 앞으로는 사송재라고 부르는 고개가 있는데 이 고개를 성삼문재라고도 불러요. 이 고개에 하마비가 있는데 이와 관련한 전설도 전해옵니다. 성삼문재를 넘어갈 때 말을 타고 넘는 사람은 넘어지기가 일쑤였어요. 멀쩡하던 말이 넘어져서 다리가 부러지거나, 말에 타고 있던 사람이 땅으로 떨어져 크게 다치는 일이 많았어요. 사람들은 충신의 무덤 앞으로 말을 타고 지나갔기 때문이라고 생각했어요. 그래서 이곳을 지나갈 때는 말에서 내려야 한다는 뜻으로 하마비를 세워놓았어요. 사람들이 하마비를 보고 말에서 내린 후에는 고개를 넘으면서 다치거나 불상사를 당하는 일이 없어졌다고 합니다.

세조가 왕위찬탈을 위하여 저지른 계유정난, 병자사화, 정축지변 등 3년간의 사건으로 236명의 충신들이 죽었다고 『승정원일기』는 기록하고 있어요. 한순간에 조선의 유능한 학자들 236명이 사라진 것이에요. 남아 있는 가족들의 삶은 비참하기 그지없었을 거

성삼문의 가족	이름	공신 이름
어머니	박미치	계림군 이흥상
아내	김차산	운성부원군 박종우
딸	효옥	운성부원군 박종우
동생 삼빙의 부인	의정	판종부시사 권개
동생 삼성의 부인	명수	병조참판 홍달손
동생 삼고의 부인	사금	김질의 장인 우찬성 정창손
동생 삼고의 딸	1년생 딸	김질의 장인 우찬성 정창손

성삼문 가족의 땅	하사받은 공신
성삼문의 당진 밭	임영대군 이구
양주 밭	임영대군 이구
성삼문, 성삼빙의 함열 밭	우의정 강맹경
예산 밭	판원사 이계전
성삼문의 평산 밭	우참찬 박중손
성승의 고양 밭	계양군 이증
홍주 밭	의창군 이공
양주 밭	이조판서 권남
천안 밭	우승지 윤자운
낙안, 금천, 원평 밭	좌부승지 한계미

예요. 『세조실록』 세조 2년 9월 7일에는 역모로 사형당한 사람들의 아내와 자식들은 수양 측 공신들에게 종으로 하사했다고 기록되어 있어요.

　성승의 부인 묘에는 이름이 없고 죽산 박씨로만 나오고 실록에는 성승의 부인 미치를 이흥상에게 노비로 주었다고 하는데 미치가 죽산 박씨를 말하는 것인지 아니면 소실을 말하는 것인지는 모르겠어요. 『연려실기술』에는 삼문의 아들이 맹담, 맹평, 맹종, 헤, 택, 무명으로 나와 있어 아들들 이름도 다르게 기록되어 있답니다.
　성삼문가의 땅도 1457년 세조 3년 3월 23일 수양 측 공신들에게 빼앗깁니다.

성삼문의 당숙인 성희는 성삼문의 친척이라 하여 10여 차례의 국문을 받았어요. 김해로 유배를 갔는데 그때 성희를 호송하게 된 금부도사 윤교영은 평소 성희를 존경해서 깍듯하게 대접했어요. 당시 성희의 둘째 아들 성담년은 열다섯 살이었는데 호송행렬을 도보로 뒤따라가서 아버지를 보살폈어요. 금부도사 윤교영이 모른 척해줘서 가능한 일이었어요. 김해 부사도 성희의 명성을 알고 있는 터라 의식에 불편이 없도록 배려했어요. 3년 만에 유배에서 풀려났으나 세조는 도성 300리 안에는 들어올 수 없다고 했어요. 해서 현재 세종시가 된 금남면 달전리에 머물며 고향으로 돌아갈 날을 기다렸어요. 그 당시 달전리 인근에서는 성희를 존경하는 사람이 많아, 인근 토호들이나 권력 있는 세력가들은 물론 서민층까지도 그가 잘 정착할 수 있도록 협력해주는 사람들이 많았어요. 이웃 청주 목사 이치우도 사람을 보내 성희의 달전리 정착을 도와주었어요. 그로부터 6년 후인 1464년 세조 10년 성희는 죽어서야 고향 파주 부친의 묘가 있는 파평산으로 갈 수 있었답니다.

성담수(?~1456년)는 성희의 큰아들이에요. 계유정난으로 아버지가 혹독한 고문을 받는 것을 지켜보았어요. 아버지가 귀양에서 풀려나서도 고향에 가지 못하고 낯선 땅 달전리에서 죽는 것을 보고 회의를 느꼈어요. 과거시험에 합격했으나 벼슬을 포기하고 고향 파주 두포리에서 은거했어요. 죽을 때까지 벼슬에 나가지 않았으며 후사가 없어요. 장가를 가지 않았다고 말하는 이도 있으나 정확하지 않아요.

성삼문의 외손인 무안 박씨가 논산 지역에 살게 된 것은 성삼문의 외손인 박증(1461년~1517년) 때부터예요. 사육신 사건 후 성삼문의 시신은 박증의 아버지이자 성삼문의 사위인 박임경이 수습하여 매장했어요. 박임경(?~1489년)은 성삼문의 딸인 창녕 성씨와의 사이에 3남을 두었는데, 그 가운데 장남이 박증이에요. 박증은 외할아버지인 성삼문의 충절을 추모하여 벼슬에 나가지 않았어요. 어머니가 돌아가시자 32세 되던 해인 1492년 성종 5년에 경기도 양주에서 계룡산 아래 학당리 바우내로 입향하여 일생을 초야에 묻혀 살았다고 해요.

신원 회복이 되기까지

「육신전」속 사육신의 모습은 정사의 이미지보다 더 자세하게 기록되어 있어요. 이것을 정사가 아니라는 이유로 단순히 미화됐다고 결론 내리기에는 무리가 있다고 봐요. 대부분의 역사책은 당시 권력자의 지배 하에서 집필된 승자들의 기록이니까요.

성삼문은 세조의 왕위찬탈이 부당하다고 생각해서 행동으로 옮긴 사람이에요. 그러기에 지금까지도 만고의 충신으로 평가받는 것이지요. 성리학을 통치이념으로 한 조선에 있어서 충절은 당연한 윤리였고 성삼문은 그 정신을 따른 것이에요. 후세 사람들은 그런 그의 충절을 기리고자 출생한 집터에 서원을 세웠어요. 1692년 숙종 18년 조정에서는 이 사우를 녹운서원이라 명칭하고 사액서원이 되었어요. 그러다가 1712년 숙종 38년에는 노은서원으로 이름이 바뀌고 대원군시절에는 서원이 철거되기도 했어요. 성삼문을 기리는 사람들은 사육신의 위패를 현재 노은단 자리에 모시고 매년 음력 10월 15일 제사를 지내고 있답니다.

성삼문은 1691년 숙종 17년에 와서야 역적이라는 죄가 풀어지는 신원이 비로소 되었어요. 1758년 영조 34년에는 이조판서에 추증되었어요. 추증이란 나라에 공로가 있는 죽은 사람에게 관직을 높여서 내리는 것을 말해요.

세종시 금남면에 있는 성삼문의 사우인 〈문절사〉에는 고종 때 금남면 달전리에 거주하는 성주영을 봉사손으로 정했어요. 그후 성삼문의 신주를 홍성에서 이곳 달전리로 옮겨와서 매년 제사를 지내고 있어요. 〈문절사〉가 위치한 달전리 마을은 바로 창녕 성씨의 집성촌으로 성삼문의 당숙인 성희가 처음 자리를 잡았던 곳이에요. 그의 두 아들 가운데 큰아들 성담수(?~1456년)는 생육신 중 한 명이에요. 그에게는 후손이 없어요. 현재 달전리 및 와촌리 성씨집성촌의 성씨는 성희의 둘째 아들인 성담년의 후손들이에요. 그래서인지 이 지역 성씨들은 본관이 창녕인데도 달전 성씨라고 말하는 경우도 있어요. 우리는 성삼문을 조선 최고의 충신으로 기억해요. 성삼문의 사우가 있는 이 지역에서 성삼문의 평가가 현대적인 시각으로 재조명되기를 바랍니다.

생각 밝히기

1. 성삼문의 이름이 삼문으로 지어진 데에는 어떤 전설이 있나요?

생각 밝히기

2. 사가독서란 무엇을 말하는지요?

생각 밝히기

3. 영국 빅토리아 여왕(재위 1837~1901) 시대에 '셰익스피어 휴가 (Shakespeare Vacation)'라는 제도가 있었어요. 그 시대보다 무려 400년 이상 앞선 조선의 세종임금은 사가독서제를 시행했답니다. 내가 만일 한 나라의 대통령이라면 백성들에게 책을 읽히기 위해서 어떤 정치를 할 수 있나요? 두 가지 말해 보세요.

첫째는

둘째는

생각 밝히기

4. 성삼문이 중국에 갔다가 백이숙제 비문을 보고 지은 시는 어떤 내용인 가요?

환관,
서기

환관 김처선

성배순

분노가 폭발한 임금은 내 몸을 호랑이 굴에 던졌네.
늙은 이 몸뚱이 아까울 것이 없다만
내가 모시는 임금이 오래오래
임금 노릇을 할 수 없게 될 것 같아
그것이 오직 한스러울 뿐이구나.
세종, 문종, 단종, 세조, 예종, 성종 여섯 임금을 거쳐
일곱 번째 모시는 왕 옆에는
바른말 하는 충신이 하나 없구나.
아첨과 탐욕에 물든 간신들만 들끓는구나.
성군은 쓴소리도 귀담아듣고,
폭군은 아첨하는 말만 골라 듣는다는데
상선 정이품 환관이 목숨을 걸고 한 쓴소리에
임금은 펄쩍펄쩍 이다지도 분노를 하는구나.
'입은 화를 부르는 문이요, 혀는 내 몸을 베는 칼이다'
명패를 목에 건 내관 나부랭이가
술에 취해 임금을 꾸짖었다고 불을 토하는구나.
가산을 몰수하고, 전의 집을 허물어 연못을 만들고

본관인 전의까지 없애라고 명령을 내리는구나.

내 부모의 무덤까지 뭉개고 석물을 치우라는구나.

아, 진정 내가 모시는 임금은

오래도록 임금 노릇을 할 수 없게 될 것 같구나.

숨이 끊어지는 고통보다도

그것이 더 괴롭고 아프구나.

환관, 김처선

환관의 탄생

여러분은 환관 하면 어떤 모습이 떠오르나요? 아마도 TV 사극이나 영화 또는 개그 프로그램에 등장하는 중성적인 목소리를 내는 남자의 모습일 거예요. 항상 왕 옆에서 그림자처럼 왕을 지키는 수염이 없는 남자 말이에요. 어깨를 움츠리고 보폭을 작게 종종종 걸으면서 중성적인 목소리로 "네 마마"만을 읊조리는 그런 남자 말이지요. 사실 이런 이미지는 사극이나 영화, 또는 개그 프로그램이 우리에게 만들어 준 이미지라고 할 수 있어요. 실제로 환관은 체격이 건장했을 거라는 말도 있어요. 의학이 발달하지 않은 시대에 거세를 하고도 살아남았으니까요. 또 환관에 대한 속설로 환관은 장수한다는 이야기도 있어요. 조선 시대에 가장 오래 산 사람은 왕도 아니고, 양반도 아닌 바로 환관이었기 때문이에요. 조선 시대 환관은 양반들보다 평균 14년에서 19년을 더 살았어요. 심지어 어떤 환관은 100세도 넘게 살았어요. 조선 시대 환관 족보인 『양세계보』에 실린 81명은 평균 70세까지 살았어요. 이 중 3명은 100세도 넘게 살았어요. 환관이 장수한 비결은 환관의 삶을 산 이유도 있겠지만 다른 요인으로 환관들의 음식과 관련이 있을 것이라는 설이 있어요. 환관 중에 가장 높은 벼슬은 종2품 상선(尙膳)인데, 선(膳)은 반찬, 음식을 뜻해요. 그 아래 정3품 당상관 상온(尙醞)의 온(醞)은 술을 뜻하고, 정3품 당하관 상다(尙

전의 유래비

茶)의 다(茶)는 차를 뜻해요. 그리고 종3품 상약(尙藥)의 약(藥)은 먹는 약을 말해요. 그러니까 환관은 음식과 약에 대해서 전문가였다는 것을 짐작할 수 있어요. 그러니 그들이 나이가 들어 벼슬에서 물러났을 경우 스스로 음식, 술, 차, 한약을 만들어서 먹지 않았을까요? 그렇게 호르몬의 불균형을 맞춘 것이 아닐까요? 게다가 퇴직을 한 환관들은 국가에서 매달 일정 금액을 연금으로 주었고 집도 따로 마련해 주었다고 하니, 생계에 대한 스트레스도 없었을 거예요. 또 성이 다른 양자인 환관이 자신의 묘를 만들어 주고 제사를 지내줄 것이니 사후 제삿밥에 대한 걱정도 없었을 테니, 이래저래 환관들은 오래 살수밖에 없었을 거예요. 그러나 오늘 이야기할 환관 김처선은 이런 혜택을 전혀 누리지 못하고 억울하게 죽었답니다.

그래요. 맞아요. 김처선(金處善, ?~1505)은 환관이에요. 전의 김씨이고 전의 사람이에요. 그는 세종 임금부터 연산군에 이르기까지 일곱 임금을 모신 환관이에요. 조선에서의 환관들은 자식은 얻지 못해도 여러 부인을 거느린 일도 있고, 대를 잇기 위해 양자를 들이기도 했어요. 김처선의 경우도 부인과 함께 양자를 들이고 가정을 이루었답니다. 김처선은 충청도 공주목 전의현 덕고개 양지마을(현재 세종시 전의면)에서 세종임금 때

아버지 김경준과 어머니 박씨 사이에서 넷째 아들로 태어났다고 해요. 이 기록은 『연기군지』 전의 김씨 김처선 1쪽에 기록된 글이에요. 그러나 실록에서는 그의 부모가 누구인지 언제 태어났는지 기록되지 않았어요. 전의는 김처선이 관노로 있던 곳이기도 합니다.

파란만장한 삶을 산 김처선

김처선, 그의 이름이 처음 실록에 등장하는 것은 1453년 단종 1년 10월 13일에 "영해에 안치한 김처선을 석방하라"라는 어명이 내려지면서부터에요. 정난 후 수양은 김처선을 포함해서 환관 대부분을 유배시켰어요. 김처선의 유배지는 경북 영덕의 영해였어요. 유배당한 김처선은 유배지로 가는 도중인 10월 13일 갑자기 유배에서 풀려났어요. 김처선이 실록에 처음으로 등장한 단종 1년 10월 13일은 수양대군이 계유정난을 일으킨 직후에요. 이렇게 금방 유배에서 풀려난 것을 보면 김처선은 아마도 김종서 등과는 반대쪽에 섰던 인물로 보여요. 4개월 후인 단종 2년 2월 19일 고신을 돌려받아 환관에 복귀했거든요. 고신이란 일종의 관리자격증과도 같은 것이에요. 그러나 1년 후인 1455년 단종 3년 2월 27일에 김처선은 다시 또 고신을 빼앗깁니다. 수양의 동생 금성대군 이유의 단종복위 운동에 동참했다가 발각되었기 때문이에요. 이때는 고신도 빼앗기고 고향인 전의의 관노로 전락합니다. 그로부터 2년 후인 1457년 세조 3년 8월 18일에는 기적적으로 세조의 특명으로 관노의 신분에서 벗어났어요. 또 1460년 세조 6년 5월 25일에는 뒤늦게 원종공신 3등의 반열에 오릅니다. 이런 역사적인 기록으로 미루어 보면 계유정난에 김처선도 일정한 이바지를 한 것이 아닌가 하는 짐작이 갑니다. 그러나 그 후 김처선은 세조에게 여러 차례 국문을 당하거나 곤장을 맞았다는 기록이 나와요. 이것을 보면 세조와의 관계는 그다지 좋지 않았나 봐요. 특히 세조 11년 9월 4일 기록을 보면 희한한 사건에 연루돼 목숨을 잃을 뻔한 일도 있었어요.

덕중이라는 궁녀가 남몰래 임영대군 이구의 아들 귀성군 이준을 흠모하다가, 환관 최

전의지역 김처선로

호와 김중호를 통해 한글로 된 연애편지를 보냈어요. 이 일은 임영대군과 귀성군의 밀고로 발각이 되었어요. 이로 인해 궁녀 덕중과 환관 최호, 환관 김중호는 사형을 당했어요. 이때 김처선도 간접적으로 연루되었으나 무슨 연유에서인지 세조는 용서해주겠다고 말했어요. 1477년 성종 8년 다시 김처선이라는 이름이 실록에 등장합니다. 이때부터 김처선은 왕명을 비밀리에 받드는 중책을 맡아 품계가 계속 올라 자헌대부까지 올랐어요. 자헌대부는 정2품에 해당하는 대단히 높은 자리예요. 그 당시 대비의 병을 낫게 해줘서 자헌대부라는 관직에 올랐어요. 자헌대부라는 직책은 너무 과한 처사 아니냐는 말도 기록된 것을 보면 그 당시도 파격적인 대우였나 봅니다. 1494년 성종 25년 12월 24일에는 38세로 세상을 뜬 성종의 시릉내시를 맡아요. 시릉내시는 내시 중에서는 최고위직으로, 왕의 무덤을 돌보는 묘지기 내시를 뜻해요. 이런 처사를 보면 그가 얼마나 성종의 총애를 받았는지를 짐작할 수 있어요. 김처선은 세종, 문종, 단종, 세조, 예종, 성종 등 여섯 임금을 모셨어요. 일곱 번째로 모시게 된 임금이 연산군인 거예요. 김처선은 연산군을 어린 시절부터 지켜보았기 때문에 연산군에 대한 충정이나 애정이 깊었을 거예요. 그러기에 연산군의 폭정을 참지 못하고 직언을 하게 됐을 테고 그러다가 연산군에게 참혹한 죽임을 당하게 됩니다.

김처선의 여러 얼굴

드라마나 영화에서 김처선은 어떤 인물로 그려졌을까요? 2007년 SBS에서 방영한 대하사극 〈왕과 나〉는 조선 시대 환관 김처선을 중심으로 펼쳐지는 팩션 드라마입니다. 팩션이란 사실(fact)과 허구(fiction)가 결합된 이야기를 말해요. 실제 있었던 역사적 사실이나 인물을 바탕으로 작가의 상상력이 더해진 이야기지요. 그러니까 팩션 드라마는 역사적 사실과는 다르답니다.

김처선은 세종임금 당시 세종시 전의면에서 어린 나이로 궁중에 들어간 실존 인물이에요. 그러나 〈왕과 나〉 드라마에서는 김처선이 세종의 증손자인 성종임금과 같은 날 태어난 것으로 나옵니다. 연산군의 생모인 폐비 윤씨는 김처선을 좋아했어요. 김처선 또한 같은 동네에 사는 폐비 윤씨를 좋아했지요. 윤씨의 어린 시절 이름은 소화였어요. 소화가 성종의 후궁이 되어 궁중으로 들어가자, 김처선은 스스로 환관이 되어 소화가 있는 궁중으로 들어간다는 내용이에요. 소화는 인수대비와 후궁들의 모략으로 폐비가 되고, 김처선은 폐비 윤씨에게 사약을 전달하는 임무를 맡게 됩니다. 게다가 그는 성종임금 대신 칼을 맞고 쓰러질 정도로 성종에게 충성을 바칩니다. 이처럼 드라마 속에서 그는 매우 성실하고 정직한 인물로 그려져요. '윤소화'는 성종의 두 번째 부인으로 연산군을 낳고 폐비가 되는 실존 인물이에요. 성종의 첫 번째 왕비 공혜왕후는 몸이 약하여, 혼인 후 6년이 지나도 아이를 갖지 못했어요. 이에 신하들이 후궁을 들일 것을 상소해서 후궁을 간택하는데, 윤씨가 첫 후궁으로 간택되었어요. 1년 후 공혜왕후가 세상을 떠났고, 성종은 후궁인 숙의 윤씨를 중전으로 책봉하였어요. 이렇게 성종의 계비가 된 윤씨는 아들을 낳는데, 그 아이가 바로 연산군입니다. 드라마에서 윤소화는 성종과 김처선을 사이에 두고 사랑의 삼각관계를 이루고 있어요. 드라마에서 김처선은 실제와 다르게 단종 복위운동에 가담했다가 죽은 사람의 유복자로 나옵니다.

김처선은 영화 〈왕의 남자〉에도 나오는데, 영화 속 김처선은 자살하는 것으로 나옵니다. 그러나 타살의 가능성도 열어두고 있지요. 물론 이것은 영화에 나오는 이야기이고 역사적 사실과는 다르답니다. 그렇다면 실록 속의 김처선은 어떤 모습일까요?

김처선은 세종임금부터 연산군까지 무려 7명의 임금을 모신 환관이에요. 가끔 말썽을 일으켜서 실록에 이름이 등장해요. 그러나 세조는 그를 내치지는 안 했어요. 오히려 그를 공신으로 대우했어요. 김처선은 1460년 세조 6년 5월 25일에 3등 공신의 반열에 올랐기 때문이에요. 다음은 『세조실록』에 나오는 김처선의 순탄하지 않은 삶의 일정입니다.

세조 6년 10월 19일에 세조임금의 어가가 순안현이란 곳을 방문했어요. 그날 비와 눈이 크게 내렸어요. 그래서인지 환관 김처선 등은 맡은 바 임무를 충실하게 수행하지 않았어요. 세조는 제대로 호위하지 않은 이들에게 각각 장 80대를 때리게 합니다. 이날 시위하지 않은 자들, 잡인을 금하지 않은 자들, 어실 천화판의 깨어진 곳을 수리하지 않은 자들 모두를 국문하게 했어요.

세조 10년 6월 27일에는 세조가 화위당이란 곳에 행차했어요. 그런데 환관 김처선 등이 미처 시종하지 못하니, 모두 곤장으로 때렸다고 해요. 또 실록에는 김처선이 술에 취한 모습도 나와요.

"환관 김처선이 시녀를 데리고 경도에 가다가 취하여 중로에 누웠으니, 이것이 무슨 뜻인가? 또 나인은 비록 지친이라도 서로 보지 못하는 것이 법인데, 그 형 박반자로 하여금 가서 방문하게 하였으니, 이것은 또한 무슨 뜻인가? 그것을 국문하라."

하였다. 승지 이영은, 오응이 김처선의 술 마신 연유를 국문하니, 김처선이 말하기를,

"처음에 주방에 이르러 이운을 만나서 마시고, 또 최해를 진무 이윤의 막사에서 만나서 탁주 한 그릇을 마시었습니다."

하였다. 임금이 말하기를,

"김처선, 이운, 최해, 박반자는 경도로 보내어 단단히 가두고 이윤은 추핵하지 말라."

– 『세조실록』 1465년 세조 11년 9월 3일

환관 김처선

김처선의 다소 젊을 때의 기록으로 보면 김처선은 술을 좋아하고 자유롭게 행동한 듯 보입니다. 그러다가 세조가 죽고 예종을 거쳐 성종 대에 오자 이때부터 영예를 누려요. 정2품 자헌대부에 오른 것이에요. 환관은 종2품까지만 승진하는 것이 원칙이었으나, 성종은 그를 신임하여 자헌대부를 내린 것이에요. 성종이 그를 신임한 것은 그가 의술에 뛰어났기 때문이라고 해요. 대비의 깊은 병을 치료했다는 일화가 전해지고 있어요. 성종이 죽자 김처선은 시릉내시가 되어 3년 동안 성종의 능을 보살폈어요. 연산군은 그 공을 치하해서 안장 갖춘 말을 하사했어요. 연산군이 하사한 말을 타고 김처선은 궁으로 돌아왔다고 합니다.

246년이 걸린 명예회복

1498년 무오사화를 일으켜 전국에 피바람을 일으킨 연산군은, 1504년에는 다시 또 갑자사화를 일으켰어요. 이에 김처선은 연산군에게 더는 살육하지 말라고 직언을 합니다. 연산 10년 7월 16일의 일이에요. 김처선의 직언을 들은 연산군은 분노하며 그를 당장 하옥시켰어요. 그리고는 장 100대를 때리고 궁 밖으로 쫓아냈어요. 그날부터 이듬해 3월 말까지 꼼짝없이 집안에 갇혀 몸을 다스리던 김처선은 이듬해인 1505년 연산 11년 4월 1일 궁으로 다시 출근했어요. 이날 김처선은 가족들에게 다시는 집에 돌아오지 못할 거라는 마지막 유언을 남겼어요. 김처선은 이날 연산군에게 죽음을 부르는 직언을 하고야 맙니다. 바로 그날 김처선은 양자 이공신과 함께 죽임을 당합니다. 실록의 기록에는 김처선이 술에 취해서 규간하는 말을 해서 왕이 화가 났다고만 적고 있어요. 그러나『연려실기술』에는 연산군이 김처선을 어떻게 잔인하게 죽였는지 자세하게 기록하고 있어요. 규간(規諫)은 임금이나 웃어른의 잘못을 고치도록 말하는 것을 말해요. 50여 년간 환관으로 재직한 김처선은 그렇게 생을 마감했어요. 죽게 된 이유는 딱 한 줄로 나옵니다. "술에 몹시 취해 임금을 꾸짖었다."라는 내용이에요.

> 내관 김처선이 술에 몹시 취해서 임금을 꾸짖었으니, 가산을 몰수하고 그 집을 못 파고 그 본관인 전의를 없애라.
>
> – 『연산군일기』 1505년 연산군 11년 4월 1일

연산군은 김처선이 태어나고 자란 '전의'를 조선의 행정구역에서 아예 없애버리라고 명령한 것이에요. 그것으로도 분이 안 풀렸는지 김처선의 고향인 전의 김씨 집성촌 '전의면 동교리'에 있는 김처선의 집을 허물고 연못을 만들어버렸어요. 파가저택(破家瀦宅)을 시킨 것이에요. 그것으로도 부족했는지 연산군은 본관인 전의를 없애라고 명령했어요. 이후 전의 김씨는 전국에 뿔뿔이 흩어져서 살게 되었어요.

김처선이 죽고 그 이튿날, 연산 11년 4월 2일 연산군은 "김처선 부모의 무덤을 뭉개고 석물을 치우라."는 명령을 내립니다. 다음날인 4월 3일에는 김처선에 관한 일로 시를 짓는데 시의 내용으로 본다면 연산군은 김처선 때문에 몹시 화가 나고 분해합니다.

백성에게 잔인하기 내 위 없건만 (殘薄臨民莫類予)

내시가 난여를 범할 줄이야 (那思姦閣犯鸞輿)

부끄럽고 통분해 정서 많아서 (羞牽痛極多情緒)

바닷물에 씻어도 한이 남으리 (欲滌滄浪恨有餘)

– 연산군의 어제시

　어제시를 지은 그다음 날인 연산 11년 4월 4일에는 "간사한 내시 김처선이 임금의 은혜를 잊고 변변치 못한 마음을 품고서 분부를 꺼리고 임금을 꾸짖었으니, 신하로서의 죄가 무엇이 이보다 크랴!" 하고 몹시도 노합니다. 연산군은 김처선에게 얼마나 화가 났는지 연산 11년 6월 16일에는 "동, 서반의 대소 인원 및 군사 중에 김처선과 이름이 같은 자가 있거든 모두 고치게 하라."라고 하였고, 연산 11년 7월 14일에는 24절기의 하나인 처서(處暑)의 '처'자가 김처선(金處善)의 이름과 같으니, 처서를 조서(徂暑)로 고치도록 하라고까지 명령을 내립니다. 처용무(處容舞)는 풍두무(豊頭舞)로 이름이 바뀌었고, 과거에 급제한 답안지에 처(處)자가 들어있다 하여 합격을 취소하기도 했어요. 연산 11년 7월 19일에는 모든 문서에 김처선의 '처' 자를 쓰지 말라 하였고, 연산 12년 3월 12일에는 김처선의 집을 철거하여 못을 파고 죄명을 돌에 새겨 묻으라고 합니다. 이튿날인 3월 13일에는 김처선의 죄명을 돌에 새겨 그 집 길가에 묻고 담을 쌓으라고 합니다. 그리곤 6개월 후인 9월, 중종반정으로 연산군은 쫓겨나고 중종이 왕이 됩니다. 1506년 음력 9월 2일(양력 9월 18일)에 일어난 일이에요. 난폭한 연산군을 몰아내고 진성대군을 왕으로 세운 이 일을 '중종반정'이라고 합니다.
　중종 1년인 11월 24일 사헌부 헌납 강중진이 글을 올려 모두가 연산군에게 아부 아첨할 때 김처선만이 직언하다가 죽었으니 포상해야 한다고 합니다. 그러나 중종은 허락하지 않았어요. 김처선이 바른말을 하려고 했다기보다는 술에 취해 실언을 한 것이라는 이유였어요. 중종은 왜 김처선을 인정하지 않은 것일까요? 아무래도 연산군이 아무리 폭군이라 해도 한나라의 왕인데, 어떻게 환관이 감히 왕의 잘못을 지적할 수 있냐고 생각한 것은 아닐까요? 환관은 왕의 그림자처럼 있어야 하는 심복인데 말이지요.

환관 김처선에게 정문을 세울 것을 명하였다. 김처선은 연산 때의 사람이다. 누차 충간을 진달하였으므로 연산군이 그를 미워하여 호랑이의 굴에 던졌으나 호랑이가 잡아먹지 않자 이에 결박하여 살해하니, 그 충렬이 늠연하였다. 이때에 이르러 임금이 하교하기를,

"왕자가 충성한 이에 대하여 정문을 세워 주는 것은 세상을 권면하는 큰 정사이니, 사람이 비록 미천하다 하더라도 없을 수 없는 일이다. 중관 김처선이 충간을 하다가 운명을 하였다는 것은 일찍이 지난날에 아주 익숙히 들었다. 그러므로 내부로 하여금 2백 년 뒤에 후사를 세우도록 하였으니, 뜻이 대개 깊다 할 것이다. 이러한 말세에 마땅히 포양하여 권면해야 할 것이니, 해조(該曹)로 하여금 특별히 정문을 세워 주게 하라."

– 『영조실록』 1751년 영조 27년 2월 3일

『연산군일기』에는 "김처선이 술에 취해서 규간하는 말을 해서 왕이 화가 났다"라고만 적고 있으나 『영조실록』에는 "연산군이 그를 미워하여 호랑이의 굴에 던졌으나 호랑이가 잡아먹지 않자 이에 결박하여 살해하니"라고 김처선의 죽음에 대해 조금 더 구체적으로 적고 있어요.

김처선의 명예회복은 무려 246년이 지난 1751년 영조 27년 2월 3일에 비로소 이루어집니다. 영조는 이날 "내관 김처선이 충간을 하다가 죽게 됐다는 것은 내 일찍이 아주 익숙히 들었다며 정문을 세워 그의 뜻을 기리도록 하라"고 명한 것이에요. 김처선에 관한 기록으로 그가 죽은 지 253년 만에 명예회복이 이루어졌다고 여기저기 기록되어 있으

나, 영조가 그의 정문을 세우라고 명한 해가 1751년이니까 그가 죽은 해인 1505년을 빼면 246년이 정확한 기간이 됩니다.

　조선 제10대 왕이었던 연산군은 광해군과 함께 반정으로 폐위된 왕이에요. 둘은 '조(祖)'나 '종(宗)'으로 끝나는 묘호를 끝까지 받지 못하였어요. 광해군에 대해서는 긍정적인 평가를 받는 부분이 있기도 하지만, 연산군은 반론의 여지없이 폭군의 평가만을 받고 있어요. 이런 폭군 연산군에게 죽음을 두려워하지 않고 바른 소리를 한 김처선의 충심은 현재에도 높이 평가받고 있답니다.

생각 밝히기

1. 내가 모시고 있는 임금이 왕과 신하들의 공부 자리인 경연을 폐지하고, 왕을 비판하고 견제하는 기능을 가진 사헌부, 사간원, 홍문관에 대한 탄압도 심하게 하고 사치와 쾌락만을 추구하는 왕이라면, 나는 어떤 방법으로 왕이 바른길을 가도록 도울 수 있을까요?

생각 밝히기

2. 환관이 장수했던 이유로는 무엇이 있을까요?

생각 밝히기

3. 연산군이 내린 김처선의 '처' 자에 대한 사용금지 명령을 구체적으로 설명해 보세요.

생각 밝히기

4. 연산군은 김처선을 죽인 후에도 계속해서 김처선에게 화풀이합니다. 구체적으로 어떻게 화풀이를 했는지 설명해 보세요.

생각 밝히기

5. 중종은 모두가 연산군에게 아부 아첨할 때 김처선만이 직언하다가 죽었
으니 포상해야 한다고 주장하는 신하의 말을 듣지 않았어요.
중종은 왜 김처선을 인정하지 않은 것일까요?

생각 밝히기

6. 내가 모시고 있는 임금은 폭군입니다. 하여 신하들이 반정하여 새 임금을 모시려고 합니다. 나는 어느 편에 서야 할까요? 이유도 설명해 보세요.

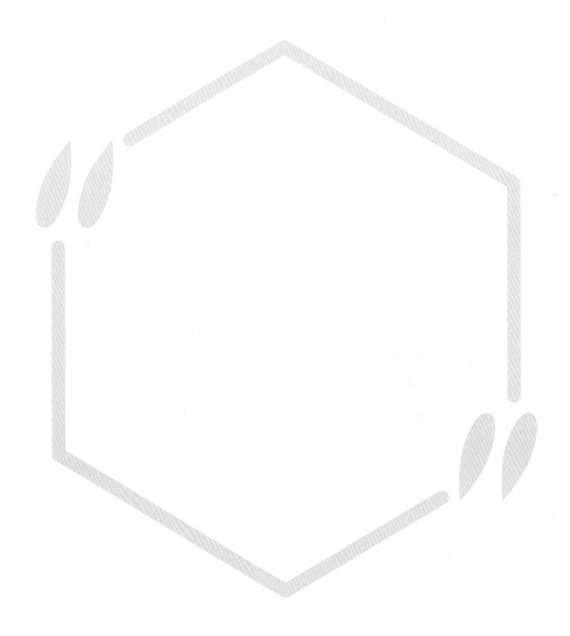

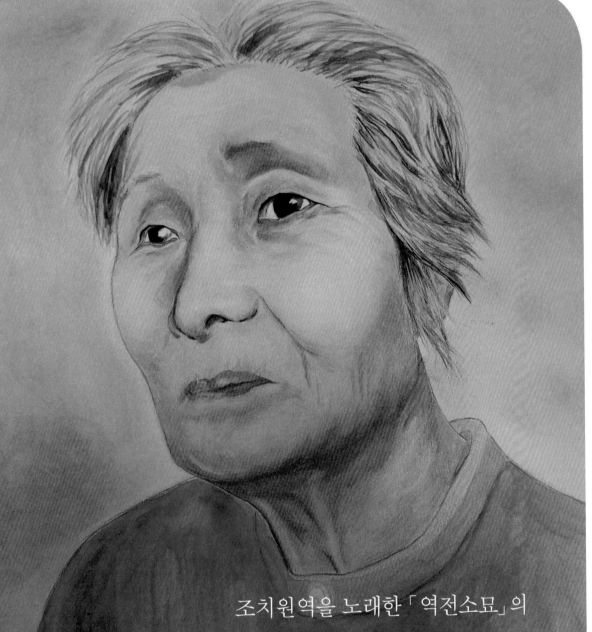

조치원역을 노래한 「역전소묘」의

김제영

조치원 엘레지

성배순

기차가 떠나가네. 어둠속으로 빠르게
꼬리를 거두어 가네. 밤 11시 3분
시계는 멈추고, 도화꽃 만발한 조치원을 뒤로
그대는 깜깜한 세상 속으로 사라지네.

고복저수지 한가운데에
추억이 잠겨 있다고
보이지 않는다고 사라진 것은 아니라며
그대는 내게 입을 맞추었지.

철길 옆 연탄 공장을 지나며
그대가 언뜻 보인 눈물은
내 가슴속 깊은 우물이 되어
작은 빗방울에도 넘쳐흐르네.

빗물이 흐르는 동시 상영
왕성극장을 나와 가위바위보

게임을 하며 오르내리던 역전 육교
오늘은 혼자서 오르내리네.

포르르 역 주변을 날던 한 무리의 새들도
날갯짓을 멈춘 지금 기차는 다시 또 떠나가고
네온사인 번쩍이는 조치원역 광장에서
나는 빙빙 돌며 북극성을 찾아보네.

조치원역에서

성배순

떠난다는 것은 다시 돌아오기 위해서라고 외치며

아침 6시 13분, 어둠을 뚫고 기차가 들어온다.

뿌우웅 경적을 울리며 치익칙 역으로 돌아온다.

이번 역은 조치원, 조치원역입니다. 내리실 문은 왼쪽입니다.

왼쪽 출구에 줄을 서자 애인이 귓속말을 한다.

역 주변의 출산율이 왜 높은지 아느냐고 농을 던진다.

6시 13분 경적소리에 잠에서 깬 사람들이

그 시간에 다시 잠 들 수 있을까?

우리도 역 주변에 방 하나 얻어 볼까?

아침 햇빛 속으로 주먹만 한 연분홍 복숭아들

주렁주렁 제 모습을 드러내며 웃고 있다.

보이지 않는다고 사라진 것이 아니라던 애인이

만져지지 않는다고 없는 것이 아니라며 내 손을 쥔다.

한때는 별을 보려고 어둠을 기다린 적이 있다.

지금은 북극성이 하나가 아니라는 것을 안다.

새로운 별이 북극성에 올랐다는 것도 안다.

북극성은 생각보다 밝지 않다는 것까지 안다.

기차에서 내려 조치원역 광장에 서 보니 보인다.

낮에도 반짝이는 별이 있다는 것을.

태양은 언제나 저 자리에서 빛나고 있다는 것을.

조치원역을 노래한 「역전소묘」의 김제영

희미하게 멀어져 간 〈김제영 문학관〉

조치원 전통시장 입구 맞은편에는 조치원 주차타워가 있어요. 이 주차타워와 〈조치원 작은 도서관〉 사이에는 아름다운 골목이 하나 있는데 이 골목 이름이 '역전소묘길'입니다. 이 골목 끝에는 〈세종설렁탕〉 식당이 있는데 이 식당은 고 김제영(金濟英, 1928~2018) 작가가 살았던 집이에요. 그는 2018년 12월 4일 90세의 나이로 세상을 떠났어요.

'역전소묘길'의 이름은 김제영 작가의 단편 소설집 『거지발싸개 같은 것』에 수록된 「역전소묘」에서 가져왔어요. '역전소묘'는 〈조치원 작은 도서관〉에서 모임을 했던 세종시 도시재생 대학의 동아리 이름이기도 했어요. '역전소묘' 팀은 김제영 작가 집을 〈김제영 문학관〉으로 만들고, 김제영 작가 집 앞 골목을 '역전소묘길'로 만들고자 추진하였어요. 김제영 작가를 스승으로 모셨던 이 지역의 한 작가는, 1층은 선생님의 작품과 유품 전시실로 꾸미고, 2층은 문학 사랑방, 지하 공간은 소규모 공연장이나 연습실로 제공해 합창단이나 실내악, 극단이 쓸 수 있도록 복합 공간화하자는 의견을 제안했어요. 지하는 지역 문인들의 모임 공간이나 출판기념회, 문학 강연 장소로 쓰였던 곳이었거든요. 작가의 집은 지역에서 문학 행사가 열릴 때면, 으레 뒤풀이 장소가 되곤 했어요. 또한 이 집

역전소묘길

은《백수문학》,《연기문학》 등 지역작가들 만남의 장소이기도 했어요. 특히 김제영 작가를 보고자 찾아온 중앙의 대가들을 만나 볼 기회의 장소가 되기도 했어요. 활기 넘치는 토속어로 독보적 문체를 이루었다고 평가받는 「관촌수필」의 거장 이문구 작가는 자주 선생 댁을 찾았어요. 한국문학의 거목 박목월 시인도 이곳을 다녀갔고, 현대문학의 큰 별 김동리 소설가도 이곳을 다녀갔어요. 홍신자 무용가와는 조치원에서 함께 공연을 하기도 했습니다.

　'역전소묘' 10여 명의 동아리 회원들은 각자 업무를 나누었어요. 〈민국일보〉 문화부 기자,《무용한국》 편집 고문,《월간음악》 객원 편집인,《미술 21》 편집 고문,《미술 세계》 객원편집인 등 다양한 분야에서 활동을 펼쳐 온 작가가, 생전에 작품을 발표한 잡지를 연도별로 정리하는 것부터 시작해서, 작가의 육성 녹음, 미발표 원고정리, 소장하고

김제영 초상화

있는 골동품 정리까지 하는 것으로 추진하였어요. 김제영 작가가 살았던 집은 지하실이 딸린 이층집이에요. 김제영 작가의 남편은 의사였는데 그녀가 살고 있던 주택은 바로 병원을 하던 곳이에요. 1층에는 진료실과 살림집이 있었고, 2층은 입원실로 쓰였어요. 당시 입원실로 쓰였던 2층은 유명 문화예술인들의 작품이 잘 보관되어 있어서 〈김제영 문학관〉을 추진할 당시 〈김제영 문화관〉으로 하면 좋겠다는 의견도 있었어요. 김제영 작가의 작품을 처음 접하게 되는 사람들은, 그녀의 남성적인 문체와 강렬한 문장에 사로잡히곤 합니다. '역전소묘' 동아리 회원들은 그의 문학 작품 중에서 특히 「역전소묘」에 관심을 가졌는데, 우리 지역 조치원역을 배경으로 썼기 때문이에요. '역전소묘' 팀들에 의해 시작되었던 〈김제영 문학관〉 추진은 그 후 추진위원회도 구성하고 한참 열기가 뜨거웠어요.

그러나 명칭부터 시작해서 이런저런 난관에 부딪혔어요. 1956년 조치원지역에서 창간한 문학동인지 《백수문학》 회원들은 명칭을 〈백수문학관〉으로 하자는 의견을 조심스럽게 냈어요. 그러자 〈백수문학관〉 명칭에 반대하는 사람들 입에서 〈조치원 문학관〉, 〈

연기문학관〉, 〈세종문학관〉 등의 이름이 거론됐어요. 명칭이 변경되자 자연스럽게 새로운 장소도 거론됐는데, 1920년대에 지어진 한림제지와 옛 조치원 정수장을 리모델링한 〈조치원 문화정원〉이 후보 물망에 올랐어요. 그런 움직임이 발단이 돼서 2023년에는 〈세종문학관〉으로 이름이 모아져서 추진 중에 있어요. 세종시는 지난 2013년 〈이어령 문학관〉 건립을 추진한 적이 있었어요. 그러나 안타깝게도 그 계획은 무산됐어요. 지금 추진하고 있는 〈세종문학관〉은 조만간 건립될 예정이에요. 행정부서가 전부 다 모여 있는 세종시가 행정 중심의 문화 도시로 거듭나기 위해서 〈세종문학관〉 건립은 당연한 필요조건이니까요.

조치원역을 그린 「역전소묘」

「역전소묘」는 김제영 작가의 눈에 비친 1950년~1960년대 조치원역의 소박하고 활기가 넘치는 풍경을 그렸어요. 그 시대 밑바닥 하류 인생들의 넉넉지 못한 생활상이 고스란히 담겨있어요. 법보다 주먹이 앞서고 뇌물이 우선시되는 무법천지의 모습은 그 당시 기차가 지나는 어떤 역 주변이나 비슷했을 거예요. 아쉽게도 작품에는 조치원역이라는 지명도 조치원 부근의 지명도 나오지는 않아요. 그러나 조치원역 앞에서 살았던 작가가, 역 주변에서 일어나는 풍경을 매일 보던 작가가 역 주변 내용을 소설로 그렸다면 그것의 배경은 당연히 조치원역일 거예요.

「역전소묘」는 기차가 역에 도착한 후 벌어지는, 치열한 삶의 전쟁터의 상황을 그렸어요. 손님을 한 명이라도 유치하려는 날품팔이 지게꾼, 여관 보이, 구두닦이는 피 냄새를 맡은 사냥개처럼 손님을 향해 전력질주 합니다. 필사의 노력 끝에 이들이 의기양양 손님을 호객해서 데리고 나오면, 역 앞에서 이들을 노리고 있는 이가 있었는데 그는 다름 아닌 각다귀였어요. 각다귀는 이들에게서 손님을 빼앗고 이들의 주머니를 터는 역전의 깡패인데요. 각다귀의 부당함에 맞서 싸우는 주인공 성환은, 보육원 출신으로 무임

김제영 작가가 살았던 건물

승차 단속이 있던 날 걸려서 조치원역에 내팽개쳐진 인물이에요. 「역전소묘」는 이런 성환의 처절한 죽음으로 끝이 납니다. 강렬하게 끝나는 「역전소묘」의 마지막 문장을 옮겨볼게요.

나이프의 예리한 칼날이 시퍼렇게 서기를 뿜는다.
그 칼날을 대하는 순간 성환의 피가 역류하며, 우쭐한 기운이 공연스레 요동을 친다.
「저놈을 죽여야 한다.」
성환은 뇌까리며 서기조차 서린 칼날에 싱긋 웃음을 지어 보이고는 마치 투우장의 투우 모양 각다귀의 면상을 처박았다.
광물질의 선뜩함을 의식한 순간 성환은 무한한 후련함과 승리의 쾌감 속에 함몰되어 광장에 늘어져 버렸다.

열통에서 쏟아진 점액물이 역 광장의 거무칙칙한 흙을 온통 붉게 물들여 놓았다.

역사 그 너머 꽁꽁 얼어붙은 서녘 하늘에 몰려오고 있는 노을이 극광보다 찬란하다.

'김제영 작가'를 특집으로 다루었던 2019년 《세종문학》 기획특집 '김제영 작가'에서 한 평론가는 그녀에 대해서 비판적 리얼리즘을 넘어 사회적 리얼리즘을 추구했다고 평가했어요. 그의 작품에는 현실에 안주하는 작품은 없고 현실 비판 경향이 치열하리만큼 강했으며, 이러한 비판은 현실의 경지를 넘어 반공의 이데올로기 비판의 경지에까지 도달하였다고 평가했어요. 이러한 작품의 성향 때문에 창작 의욕이 왕성한 등단 초기인 70년대에는 작품 활동을 하기 힘들었다는 한계를 지니고 있어요. 이러한 비판의 리얼리즘 특성이 가장 잘 나타난 작품이 「역전소묘」라고 하면서 대단원의 묘사를 통해 작가는 불의에 항거한 성환의 죽음을 희생으로 승화시켰다고 높이 평가했어요.

진보적이다, 좌파다, 극좌파 문화예술인이다, 라는 수식어가 붙는 김제영 작가는 정의실현과 민주화운동에도 지지와 후원을 꾸준히 해왔어요. 김제영 작가는 1928년 제주에서 태어났어요. 조치원에는 1956년 그녀가 25살이 되던 해부터 살게 되었어요. 김제영 작가가 조치원으로 오게 된 이유 중의 하나는 조카의 남편인 윤조병 희곡 작가가 조치원에 살고 있던 원인도 있었다고 합니다. 김제영 작가에게 창작 지도를 받았다는 한 작가는

"당시 언론사 입사 자격은 대학교 졸업 이상이었는데, 선생님은 직접 신문사에 찾아가 항의해 입사시험 자격을 얻으셨다. 해방 3주년을 주제로 한 논술을 치러 차석으로 합격했고, 용공 조작사건으로 몰려 사형을 당한, 고 조봉암 장관 비서로 일했다. 당시 진보적 지식인들과 많이 교류하셨다"

라고 했어요. 조봉암은 항일운동가이자 정치인으로, 간첩죄와 국가보안법 위반 등의 혐의로 사형이 된 인물이에요. 그는 사형 후 대법원의 재심 판결에서 무죄가 선고되었던

인물이에요. 김제영 작가는 조봉암의 영향을 받아서인지는 몰라도 작품에 국가보안법 등과 관련한 작품이 꽤 있습니다.

6·25 피란 시절 만나서 결혼까지 하게 된 그녀의 남편은 이곳 조치원에 〈조치원 의원〉을 개원합니다. 1960년 그녀는 〈서울신문〉 신춘문예에 단편소설 「석려」가 당선되어 화려하게 등단합니다. 당시 심사를 맡았던 김동리 작가는 그의 작품 『거지발싸개 같은 것』(1981)의 서문에 다음과 같이 말했어요.

> 1960년 〈서울 신문〉 신춘문예 응모 작품 심사 의뢰를 받고, 예선에서 넘어온 작품 중에서 뽑아낸 작품이 「석려(夕麗)」와 또 한편의 다른 응모자의 작품이었는데 두 작품의 순위를 가리는 차례에 상당히 긴 말이 오갔지만, 결과적으로 심사위원 전원이 「석려」에 표를 주었다.
>
> 당시 나는 「석려」의 작가가 남성인 줄 알았다. 소재의 선택도 그러하려니와 작품을 통해 말하고자 하는 작가의 사회적 모럴 의식이 다분히 남성적 체취를 풍겼기 때문이었다. 남성이 우위라는 통념에서가 아니라 그만큼 폭이 넓은 작가적 소양을 지녔다는 이야기도 된다. 주목할 만한 작가라고 여겨졌다. 「석려」의 작가가 여류임을 알게 된 것은 훨씬 뒤 대전의 문인들 모임에서였다. 줄곧 그녀를 주시해 왔으나, 괘씸할 정도로 작가 생활을 외면하다시피 해 왔다. 이제 그녀가 본업으로 고개를 돌렸다.
>
> 창작집 『장미 그 창가에』와 증보판 『거지발싸개 같은 것』이 그것이다.
>
> 이십 년이라는 세월의 침묵은 침묵을 위한 침묵이 아니었으리라는 것을 확신한다.
>
> ─ 『거지발싸개 같은 것』 서문 부분

그녀가 조치원에 뿌리를 내린 1956년은 《백수문학》이 이곳 조치원에서 창간된 해이기도 해요. 김 작가는 1956년에 창간된 《백수문학》 발간에는 참여하지 않았지만, 4년 후 등단 이후부터는 백수 문학 초기 구성원으로 왕성하게 활동합니다. 조치원이라는 지방의 소도시가 중앙 못지않게 문학 활동이 풍성한 지역으로 자리 잡는데 그녀의 역할이 중요하게 작용했어요.

독립운동가의 딸

김제영 작가는 1946년 이화여고를 졸업하고, 졸업 후 〈민국일보〉 문화부 기자로 활동하다가 얼마 후 조봉암 초대 농림부 장관 비서실로 자리를 옮겼어요. 장관은 독립운동가 출신이에요. 작가의 이런 이력은 그의 작품성향을 다분히 남성적이고 진보적으로 만들었을 것이에요. 김동리 작가가 작품해설에도 표현했듯이, 그의 작품을 남성적이고 진보적이라고 말한 것은 남성이 우위라는 통념에서가 아니라 폭이 넓은 작가적 소양을 지녔다는 뜻이에요. 어쩌면 독립운동가였던 아버지의 삶이 그녀의 문학에 절대적으로 영향을 미쳤을 것이에요.

김제영 작가의 아버지 김관회는(당시 33세) 영명학교 교사였어요. 영명학교는 충남 공주에 있는 학교예요. 당시 공주는 충남의 도청 소재지로 헌병대가 주둔했던 도시예요.

1919년 4월 1일은 고종황제 국장이 거행된 지 한 달이 되는 날이었고 공주 장날이었어요. 공주 장터에서는 장날을 맞이하여 '대한 독립 만세'의 함성이 울려 퍼졌어요. 이날은 충청권 최대의 만세 시위라고 알려진 천안 병천 장날 만세 시위가 열린 날이기도 해요. 공주에서는 1천여 시민이 동참하여 3일간 만세행렬이 이어졌어요.

공주 만세운동은 영명학교 학생과 교사들이 주축이 되어 일어났어요. 감리교 윌리엄스(F. E. C. Williams) 선교사가 설립한 영명학교 교사와 목사, 학생들은 3월 24일부터 만세운동을 준비했어요. 영명학교의 현석칠, 안창호, 김수철, 김관회 등이 만세 시위를 계획한 인물이에요. 25일에는 교사 김관회가 김수철에게 독립선언서 제작을 의뢰했어요. 김수철 권유로 유우석(유관순 열사의 오빠), 노명우, 윤봉균, 강윤 등이 3월 31일 오

1921년 건립된 영명학교 본관 빨간 벽돌 건물. 2002년 시설 노후로 철거

후 3시경 영명학교 기숙사에 모여 윤봉균이 서울에서 가져온 독립선언서를 1,000매 인쇄했어요. 이 선언서는 4월 1일 영명학교 학생들이 공주시장에 나가 군중들에게 배포했어요. 학생들은 장터에 모인 사람들 앞에 서서 대형 태극기를 흔들며 앞으로 나아갔어요. 이들은 곧바로 일제에 의해 체포되어 유관순의 오빠 유우석과 함께 징역 6개월, 집행유예 2년을 선고받았어요. 병천에서 공주로 잡혀 온 유관순은 5년 형을 선고받은 뒤 경성복심법원으로 옮겨져 3년 형을 선고받았어요. 김제영 작가 부친 김관회 교사는 징역 1년, 집행유예 2년을 선고받고 복역했어요.

"내 아버님은 유관순을 키워낸 분이시다. 유준석은 유관순의 사촌오빠이고, 유우석은 친오빠이다. 이들은 내 아버님 제자이고 3·1만세 투쟁의 동지로 함께 옥고를 치렀다.

영명중고등학교 앞 유관순동상

독립운동가 김관회
(출처, 나무위키)

유우석(유관순의 오빠)
(출처, 나무위키)

이들은 아버님께 많은 학생이 그랬듯 무시로 드나들었고 오빠를 따라온 유관순은 옆에 앉아 아버님 말씀을 경청했다."

　김제영 작가는 생전에 아버님에 대해 자주 말씀하시곤 했어요. 그의 아버지는 아침 체플시간에 중국 손문의 혁명사상을 강의하여 학생들에게 애국심과 독립사상을 고취시켰어요. 교내 비밀결사까지 조직했는데 그의 사상에 영향을 받은 제자 변홍규, 정한범, 이요한 등은 중국으로 망명하여 조국의 광복 운동에 가담해서 독립운동을 펼쳤어요.
　김제영 작가의 아버지에 대한 회고를 더 들어볼게요.

"공주 영명학교 3.1만세 투쟁 연루자 18명 중 내 아버님 공판기록에는 등사 시위비 10원이 적혀 있지만, 사실은 거사비를 다 우리 집에서 댔다. 당시 우리 집은 꽤 부자였다. 그랬던 우리가 하루아침에 거지가 되어 어머니는 친정으로, 언니들은 식모살이로, 제사 공장으로 나갔다. 아버지는 행방불명되었다가 제주도에서 연락이 와서 어머니께서는 친정에서 제주로 달려가셨고 그곳에서 나는 태어났다.
　…(중략)…

전국에서 가장 치열했고 조직적이었던 공주 영명학교의 3·1만세 투쟁의 일본원문 기록은 없다.

"이런 악질 놈은 죽어도 되니까 계속해"

일본 형사가 이제 그만하자고 하는데도, 악귀가 되어 고문을 독려한 조선고등계 형사 놈이 기록을 없애버렸다. 후에 이승만에게 금화를 상납한 일제 고등계 형사 그놈은, 독립 촉성회 회장이 되어 세상을 지휘하고 있었다. 1948년 은퇴하고 서산에 계신 아버님을 뵈러 갔을 때 아버님께서 말씀하셨다. "내가 그놈을 피하고 있다." 내가 마지막으로 들은 아버님 말씀이었다."

그리고 공주지역 독립운동 기록에는 없는 흥미로운 이야기도 했어요. 그의 아버지가 공주교도소에서 출옥하자 공주 사람들은 그를 금융조합 이사로 추대했다고 해요. 그의 아버지는 몇 주를 고사하다가 금융권마저 빼앗겨서는 안 되겠다 싶어 수락했다고 합니다. 약간 건달기가 있는 그의 숙부가 헌병의 마수에 걸려들었는데, 그는 사돈의 먼 친척까지 인천 미두장으로 끌어들였고, 그들이 금융조합에서 돈을 빌리게 하는 술수를 썼어요. 결국에는 공주의 전 재산을 넘기고도 빚이 청산이 안 돼서, 인천 미두장 빚과 금융조합 빚을 갚느라고 그의 집은 좁쌀죽으로 연명했다고 합니다. 공주지역의 독립 운동사 관련 해설사들도 잘 모르는 내용이에요.

어쩌면 우리는 김제영 작가를 제대로 잘 알지 못한 것 같아요. 2019년 《세종문학》 기획특집 '김제영 작가'의 작품을 다룬 평론가의 글을 읽고 작가의 작품집을 다시금 읽어 보았어요. 지금까지 우리는 분명 그의 작품세계를 과소평가했어요. 〈김제영 문학관〉을 추진하던 당시, 세종시 작가들 입에서는 문학에서의 그의 인지도를 이야기했고, 그의 문학관을 만들었을 때 관광 상품화의 가치가 있겠느냐는 이야기까지 나왔어요. 그러나 그의 작품은 다시 평가받아야 마땅하고, 지역의 문화발전에 이바지한 그 또한 제대로 다시 평가받아야 합니다.

생각 밝히기

1. 조치원 전통시장 입구 맞은편에는 조치원 주차타워가 있어요. 이 주차타워와 〈조치원 작은 도서관〉 사이에는 아름다운 골목이 하나 있는데 이 골목 이름이 '역전소묘길'입니다. 이 골목을 사람들이 자주 찾는 골목으로 만들고자 해요. 어떻게 꾸밀지 계획을 세워보세요.

생각 밝히기

2. 김제영 작가에 대해서 조사해 봅시다.

생각 밝히기

3. 「역전소묘」는 김제영 작가의 눈에 비친 1950년~1960년대 조치원역의 소박하고 활기가 넘치는 풍경을 그렸어요. 「역전소묘」의 내용에 대해서 알아봅시다.

생각 밝히기

4. 김제영 작가는 독립운동가의 딸이에요. 그럼 독립운동을 한 그의 아버지는 어떤 인물인지 조사해 보세요.

'나는 심플하다'

비공 장욱진 화가

내판역, 기억의 자화상 앞에서

성배순

마음이 한없이 심란할 때는

내판역에 가 보자.

내판역 장욱진 기억의 자화상

벽화 앞에 서 보자.

까불까불 고개를 왼쪽으로 삐딱하게,

흔들흔들 고개를 오른쪽으로 삐딱하게,

가끔 순진무구가 되고 싶을 때,

왜요? 왜요?

세상이 의문으로 가득할 때,

손바닥을 바닥에 짚고

다리를 하늘로 뻗어보자.

허허 물구나무 서는 일은 쉽지 않은 일.

그렇다면 허리 굽혀 가랑이 사이로

거꾸로 그림을 보자.

그림 속으로 천천히 들어가

그림 자체가 되어 보자.

'나는 심플하다' 비공 장욱진 화가

나는 심플하다.

이 말은 내가 항상 되풀이 내세우고 있는

단골말 가운데 한마디이지만 또 한번

이 말을 큰소리로 외쳐보고 싶다.

- 장욱진, 「표현」, 동아일보, 1969. 4. 10.

비공 장욱진 화가 생가를 찾아서

장욱진, 그의 그림 앞에 서면 우리는 대책 없이 무장해제 됩니다. X레이 사진처럼 뼈가 드러난 나무들, 어린아이가 그린 듯한 단순한 사물들, 그림자처럼 입체감 없는 그림 앞에 서면 천진난만한 순수가 됩니다. 재능이 매우 뛰어난 사람은 그 재능을 쉽게 드러내지도 않고 자랑하지도 않으므로 언뜻 보기에는 도리어 서툰 사람 같아 보인다는 고사성어 대교약졸(大巧若拙)이 생각나기도 합니다.

우리 지역 세종시에서 출생한 장욱진 화가는 어린아이가 그린 듯한 그림과, 향토적인 정서를 단순하게 추상화시킨 독보적인 화가예요. 맑고 순수한 그림으로 상징되는 그는

장욱진
(나무위키 캡처)

김환기, 박수근 화백 등과 함께 대한민국 미술사의 거장으로 손꼽힙니다. 누구는 그의 그림이 이중섭과 화풍이 비슷하다고 해요. 이중섭과는 1940년대 '추상을 하더라도 모든 형태는 사실이다. 새로운 것을 추구하자'라는 뜻으로 〈신사실파〉를 결성해 함께 작품 활동을 했으니, 서로 영향을 주고받았을 것이에요. 1948년 〈신사실파〉의 제1회 전시회에는 김환기, 유영국, 이규상, 장욱진, 백영수, 이중섭 등 내노라 하는 실력파들이 참여했어요. 이들은 모두 일본에서 공부를 하고 온 사람들로서 이미 화단에서 인정을 받는 화가들이었어요. 아쉽게도 〈신사실파〉는 1953년 3회전을 끝으로 더이상 전시회를 열지는 않았어요.

장욱진의 그림을 보고 또 누구는 그의 그림이 영국의 그라피티 작가 스틱의 그림처럼 단순하다고 평가하기도 해요. 어떤 어린아이는 동굴벽화에서 본 듯한, 이집트 상형문자와도 같은 그의 그림을 보고 "정말 유명한 화가 그림이에요?"라고 거듭 확인하기도 했어요. 아마도 그 어린이는 장욱진보다 자기가 훨씬 잘 그린다고 생각한 것 같아요. 어린아이가 그런 생각이 들게끔 그는 해와 달, 집과 산, 강과 나무, 길과 아이, 동물 등의 이미지

화가의 생가 모습

들을 작은 화면 속에 단순하게 그려 넣었어요. 화면이 작다 보니 그림을 그릴 때 그의 자세는 쪼그려 앉는 자세였어요. 그는 큰 화폭에 그림 그리기는 쉽고, 작은 화면에 그림을 그릴 때가 더 어렵지만 작은 화면을 고집하는 것은 짜임새가 치밀하기 때문이라고 했어요.

비가 오다 그친 맑은 가을날 연동면에 있는 그의 생가를 찾아 나섰어요.

장욱진(張旭鎭, 1917년 11월 26일~1990년 12월 27)은 세종시 연동면(구 충남 연기군 동면) 송룡리 105번지에서 태어났어요.

화가의 생가를 찾아가기 위해서 인터넷이나 내비게이션에 '장욱진 고택'으로 검색하면 세종시 생가 주소가 아닌, 경기도 용인시에 있는 고택의 주소가 나옵니다. 반드시 '장욱진 생가'로 검색해야 세종시 연동면의 주소가 검색이 됩니다. 연동면에 있는 그의 생가는 도로변에 있는데 현재 남의 집 마당을 거쳐야 생가의 대문이 나와요. 담장 밖으로

장욱진 생가(연동면)

기다림에 지친 듯 능소화 몇 송이가 고개를 내밀고 반기네요. 친척이라는 어르신은 집 관리를 하면서 살고 있는데 곧 비워 줄 것이란 말을 거듭 강조했어요. 화가는 큰댁이었던 이 집의 건넛방에서 1917년 11월 26일(음력)에 태어났어요. 그는 이곳에서 아버지가 돌아가시기 전인 6살까지 살았어요. 120여 년이 넘었다는 생가는 검은 기와와 곧은 기둥이 어우러진 한옥으로 현재는 안채와 사랑채 일부만 남아 있는 상태예요. 나머지 사랑채 대부분과 행랑채 전부는 집 앞 신작로가 들어설 때 모두 헐렸다고 해요. 생가 표지석은 생가의 맞은편 도로변 옆에 세워졌는데 눈에 잘 띄지 않아요. 이곳에 표지석이 있는 것으로 미루어 봐서 생가터가 표지석 위치까지 넓었던 것일지도 모르겠어요. 표지석 왼쪽 옆으로는 경부선 철길 지하 통로가 있는데, 장욱진 화가가 고향에서 작품 활동을 할 때 이 길 건너편 연동면 들판이 그 유명한 「자화상」의 작품 배경이 되었어요.

　장욱진 미술관은 그의 생가가 있는 세종시에 있지 않고 양주에 있어요. 2014년 〈양주

시립 장욱진 미술관)이 영국 BBC에서 선정한 위대한 8대 뉴 미술관(The eight greatest new museums)으로 선정되었다는 소식은, 기쁘기도 하지만 솔직히 많이 아쉬웠어요. 2003년도에 우리 지역 연기군에서 미술관을 건립하려고 추진했었기 때문에 더더욱 그래요. 미술관 계획이 무산된 정확한 이유야 알 수 없지만, 친일 역사학자로 유명한 장인 이병도의 부정적 영향 때문이 아닐까 추측해 봅니다. 그런데 다행스럽게도 세종시에서 2017년 장욱진 화백 탄생 100주년 기념사업을 시작으로 연동면 송용리 일원에 생가를 복원하고 근처에 기념관을 건립하기로 했다고 합니다. 세종시와 〈장욱진 미술문화재단〉과 장욱진 화백의 유족 측이 장욱진 생가 기념관 건립과 운영 등에 관한 협력 및 작품 기증 양해각서를 체결했다는 것이에요. 지하 1층과 지상 2층으로 구성되는 기념관에는 상설기획전시실과 체험교육실, 수장고, 주차장 등을 배치하고 생가는 소규모의 전시체험 공간으로 활용할 예정이라고 해요.

유독 집을 소재로 그림을 많이 그린 그는, 화백 장욱진보다는 '집가'(家)를 쓰는 화가(畵家) 장욱진으로 불리는 것을 좋아했어요. 장욱진 화가는 한국전쟁이 일어나고 처가가 있는 부산으로 피난을 갔어요. 그러나 그곳 생활에 적응하지 못하고 1951년 고향인 이곳 연동면으로 두 아이를 데리고 내려왔어요. 그제야 마음의 평온을 되찾고 그림을 다시 시작할 수 있었다고 합니다. 전쟁 통에 화구를 구할 수 없었던 그는, 남아 있는 물감을 석유에 개어 갱지에 그림을 그렸는데 그렇게 탄생한 그림이 그의 대표작인 「자화상」이에요. 그는 이곳에서 「자화상」 외에 미호천의 풍경을 그린 「나룻배」 등 수십 점의 주옥같은 작품을 창작하였어요. 미호천은 세종시 일부 단체에서 동진강으로 이름을 바꾸자고 운동하는 아름다운 강 이름이에요. 「나룻배」에는 맨 뒤에 황소가 타고 있어요. 그리고 뒤돌아서서 하늘인지 강물인지를 바라보고 있는 가방을 맨 소년, 닭을 품에 안고 있는 여인, 자전거를 꼭 잡고 있는 학생, 밀짚모자를 눌러 쓴 뱃사공이 일렬로 서서 정면을 응시하고 있는 모습을 그린 작품이에요. 이 그림의 뒷면에 그려진 그림이 바로 그 유명한 「소녀」입니다. 「소녀」는 평소 장욱진이 너무 아끼는 작품이어서 전쟁 때 피난 갈 때도 가슴에 품고 갔다고 합니다. 당시는 전쟁 중이라 재료 구하기도 힘든 시기여서 장욱진은 「소녀」 뒷면에 그림을 그렸는데 그 작품이 「나룻배」인 것이지요. 6·25전쟁 직후 피난지 부산에서 국수 장사를 하던 장욱진의 아내는 서울로 돌아온 후 살길이 막막해지자, 장롱에서 혼수를 꺼내 팔거나 곡식을 내다 팔아 생활했다고 합니다. 시골에서 시어머니가 참기름을 보내오면 동창들에게 팔아 생활비로 쓰던 시절이었는데, 숫기가 부족한 그녀를 대신해 친구들을 불러 모아 참기름을 팔아주던 동창이 있었다고 합니다. 아내는 그 친구가 고마워 남편의 그림 하나를 선물로 줬는데 그 그림이 바로 「소녀」이면서 「나룻배」인 작품이었던 것이지요. 「소녀」는 장욱진이 일본 데코쿠미술학교 유학 시절 그린 것 중 유일하게 남은 작품이었어요. 고향 선산의 산지기 딸을 모델로 했다는 「소녀」는 소박한 소녀의 모습이 담긴 작품입니다. 이 작품은 세로 30㎝ 3호 크기로 작은 그림인데 평소 자기가 가장 아끼는 이 그림을 선물로 준 것을 알고 장욱진은 아내에게 크게 화를 냈다고 합니다.

장욱진 화가의 아버지는 지역의 부호였는데, 자녀들의 교육을 위해 장욱진의 나이 여섯 살 때 서울에 살고 있는 시집간 누이 집으로 가족들을 이사시킵니다. 그러나 화가가 일곱 살 되던 해에 고향에 홀로 계시던 아버지가 갑자기 세상을 떠나고 말았어요. 전염병에 걸린 친척 문병을 갔다가 거기서 병이 옮았던 것이에요. 젊은 나이에 혼자가 된 어머니와 장욱진의 형제들은 서울에서 고모의 보살핌으로 생계를 이어갑니다. 어머니가 얼마나 불편한 생활을 했을지 미루어 짐작이 갑니다. 장욱진 또한 고모가 아무리 잘 해주어도 아버지가 없는 외로움이 컸을 거예요. 그래서인지 장욱진의 그림에서는 아련한 슬픔 비슷한 것이 풍깁니다.

그림에 안목이 있었던 화가의 아버지는 자식들에게 일찍부터 그림을 그리도록 해 주었어요. 그런 환경 덕분인지 장욱진은 어려서부터 그림 그리기를 좋아했어요. 아버지를 잃은 외로움을 그림으로 달랬던 것이지요. 그의 그림 속에서 까치는 아마도 아버지의 죽음과 관련이 있지 않을까요?

장욱진이 즐겨 그린 까치

나는 까치 그리는 사람

"너는 누구냐?"

"까치를 잘 그리는 사람입니다."

"허, 얘 봐라, 아무것도 없는 것 같아도 우주가 들어 있네. 절에 들어왔으면 도꾼이 되었을 텐데."

"그림 그리는 것도 같은 길입니다."

통도사의 경봉스님과 장욱진이 나눈 유명한 대화예요. 경봉스님은 그에게 '비공(非空)'이라는 법명을 지어줍니다.

세종시 연동면 시절, 장욱진의 집에는 자주 승려들의 내왕이 있었다고 해요. 아버지는 수덕사의 선승인 만공스님의 제일가는 신도 중 한 사람이었어요.

아버지가 죽고 서울로 올라가서 서울 고모 집에서 살 당시, 고모는 어느 날 공부는 안 하고 매일 그림만 그리는 장욱진의 종아리를 때렸어요. 그때 화가의 나이 17세였어요. 화가는 종아리를 맞으면서도 발가락으로 그림을 그리고 있었다고 합니다. 공교롭게도 고모에게 종아리를 맞은 후 화가는 성홍열을 앓게 돼요. 요양차 수덕사로 갔는데 그곳에서 우리나라 최초의 여성화가 나혜석을 만나게 됩니다. 나혜석은 친구인 일엽스님을 만나기 위해 그곳에 간 것이에요. 일엽스님은 본명이 김원주로 우리나라 최초의 여성 잡지인 《신여자》를 만들었던 신여성이에요. 유명한 대중가요에 「수덕사의 여승」이 있는데 이 주인공이 일엽이 아닐까 추측해 봅니다. 아무튼 일엽을 만나러 수덕사에 간 나혜석은 장욱진의 그림을 보고, 자신이 그린 그림보다 좋다고 칭찬해주었다고 해요. 그때 위축됐던 장욱진은 그림에 대한 열정을 다시 살릴 수 있었다고 합니다.

그렇다면 그의 그림에 빠지지 않고 등장하는 까치 그림은 언제부터 그리기 시작했을까요? 까치는 1950년대부터 1990년 마지막 작품까지 등장합니다. 그가 까치 그림을 그리기 시작한 것은 아마도 아버지가 돌아가시고 난 후부터이지 않을까요? 초등학교 시절 까맣게 그린 까치그림으로 낙제를 받았다는 일화는 너무도 유명합니다. 원형상징 세계에서 날개 달린 모든 존재들은 정신적 승화를 상징합니다. 오래전부터 인류는 새가 이승과 저승 사이를 오고 간다고 여겨왔어요. 어린 장욱진은 높은 나뭇가지에 앉은 새를 보고 새가 저승의 아버지와 이승의 자기를 이어준다고 생각하지 않았을까요? 어쩌면 새처럼 자유롭게 살고 싶었는지도 모르겠어요.

　　새가 날아올 때는
　　혹 새가 날아오거든
　　가장 깊은 침묵을 지킬 것
　　새가 새장에 들어가기를 기다릴 것
　　그가 새장에 들어가거든

살며시 붓으로 새장을 닫을 것

그리고 차례로 모든 창살을 지우되

새의 깃털을 다치지 않도록 조심할 것

그리고는 가장 아름다운 가지를 골라

나무의 초상을 그릴 것

푸른 잎새와 싱싱한 바람과

햇빛의 가루를 또한 그릴 것

그리고는 새가 결심하여 노래하기를 기다릴 것

— 자크 프레베르, 「어느 새의 초상화를 그리려면」 부분

일제강점기 시절 보통학교에 입학한 장욱진의 그림 성적은 늘 병(丙)에 머물렀다고 해요. 그러던 어느 날, 일본의 고등사범학교를 졸업하고 갓 부임해온 새로운 미술 선생이 장욱진의 재능을 알아주었어요. 그는 장욱진을 일본의 히로시마 고등사범학교가 주최하는 '전국 소학생 미전'에 출전시켰어요. 장욱진은 이 대회에서 일등상을 받았고, 이후 그의 미술 성적은 거의 갑(甲)이었다고 하네요.

1936년 봄, 20살이 된 장욱진은 양정 고등보통학교(지금의 양정고등학교) 3학년에 체육특기생으로 편입을 하게 됩니다. 장욱진은 높이뛰기와 빙상 선수로 활약했지만 운동보다는 그림 그리는 일에 열중하였어요. 4학년 때인 1937년 동아일보가 주최한 학생 미전에서 작품 두 점이 가작 상을 받았고, 같은 해 조선일보에서 주최한 '제2회 전조선 학생 미술 전람회'에서 「공기놀이」로 최고상을 받아요. 「공기놀이」는 화가의 서울 내수동 집의 풍경을 그린 것이에요. 고향 연기군 집에서 서울로 올 때 함께 올라와 가족의 시중을 들었던 하인들의 모습을 그린 것이지요. 이때 받은 100원 상금으로 장욱진은 고모에게 비단 옷감을 끊어 드렸어요. 그 후 고모는 장욱진을 일본 유학까지 후원하게 됩니다.

1939년 양정 고보를 졸업한 장욱진은 동경의 제국미술학교 서양화과에 입학을 합니다. 그리고 유학 중에 역사학자 이병도의 맏딸 이순경과 결혼합니다. 역사학자 이병도는

내판역 자화상 벽화

한국사 연구에 커다란 족적을 남겼지만, 일제강점기 시절에 조선사편수회에서 근무한 경력 때문에 친일인명사전에 올라간 인물이에요. 장욱진과 결혼한 이순경은 물심양면으로 장욱진을 후원해요. 장욱진이 전업 화가로 살 수 있었던 것은 순전히 부인의 덕이라고 할 수 있어요. 장욱진은 1970년 어느 날 불경을 외는 부인을 보더니 덕소 화실로 내려가 1주일간 술을 끊고 아내의 모습을 그린 「진진묘」란 작품을 남긴 것으로 유명합니다.

장욱진은 나이 오십이 다 될 무렵 막내아들을 얻어요. 이 아들은 화가의 마음을 매우 아프게 만들었어요. 아이가 정신지체아였기 때문이에요. 화가는 사찰을 찾아다니며 기

장욱진 초상화

도를 하고 더욱 불교의 세계에 빠져들게 됩니다. 그 후 그의 그림에서는 가족과 아이들이 등장하기 시작해요. 아이는 15살 되던 1979년 결국 백혈병으로 세상을 떠나고 말았어요. 장욱진은 자신이 죽으면 아들을 화장해 뿌린 곳에 함께 뿌려 달라는 유언을 남겼어요. 하지만 이 유언은 이루어지지 않았어요. 생전에 그를 존경하고 사랑했던 사람들이 고향 마을에 탑비를 세우고 그 안에 그를 모셨기 때문이에요.

완전 고독은 외롭지 않다

일명 '보리밭'이라고도 불리는 「자화상」속 슬픈 표정의 신사가 나를 바라보아요. "너는 누구니?"하고 묻네요. "난 누구람?" 혼잣말인 듯 다시 물어요. 1951년 가을의 남자가 걸어옵니다. 그림 밖에는 어수선하고 총소리가 나는데, 신사는 조용히 내게로 옵니다. 누렇게 익은 보리밭 사이 황톳길을 터벅터벅 걸어오다가 멈춰 서서 슬픈 표정으로 물어요. "넌 누구니?"

머리는 하이칼라로 기름을 바른 듯 넘기고, 하얀 셔츠에 붉은 넥타이를 매고 까만 연미복으로 차려입은 신사가 걸어옵니다. 해가 쨍쨍 내리쬐는 시골길을 왼손에는 우산을 들고 오른손에는 실크해트를 벗어들고.

화가는 「자화상」 그림을 무척이나 아꼈어요. 그럼에도 부산 피난 시절 지인 화가에게 이 그림을 그냥 줬다고 합니다. 몇 년 후 이 작품이 화랑에 걸린 것을 발견하고는 이 그림을 다시 사서 죽는 날까지 소장했다고 해요.

그림 속 까치는 온통 까매서 까마귀라는 논란도, 제비라는 해석도 많지만, 화가는 까치를 그렸을 것이에요. 그림 제목에 까치를 쓴 적은 있지만 까마귀를 쓴 적은 없다는 이유도 있지만, 무엇보다도 화가 자신이 자신을 까치를 잘 그리는 사람으로 소개하고 있기 때문이에요. 그리고 그림 속 까치가 왜 4마리인가? 라고 누가 그에게 물어 보았어요. 그는 그것은 지극히 조형적인 이유 때문이라고 대답했어요. 적은 숫자 중에서 가장 조형적인 변화를 기대할 수 있는 것이 넷인데 넷은 일렬로 나란히(○○○○) 배열할 수도 있고, 일정한 간격(○ ○ ○ ○)으로 떼어 놓을 수도 있고, 아니면 하나와 셋(○ ○○○), 셋과 하나(○○○ ○), 둘둘(○○ ○○)로도 배열할 수 있기 때문이래요. 새가 등장하는 그의 그림 곳곳에서 이 배열을 확인할 수 있어요.

그는 대자연 속의 완전 고독은 외롭지 않다고 이야기하고 있어요. 그 당시는 6·25 전쟁 중이었기 때문에 그림처럼 풍요롭게 물들어 있는 논이 있을 리 없어요. 부인의 말에 따르면 이 작품은 전쟁의 혼란 중에서 화가 자신이 꿈꾸는 삶을 그린 것이며, 화면에 나타난 풍성한 황금물결, 공중의 새, 길가의 강아지는 고향에 실제로 있던 풍경이 아니라 가공된 상상이라고 해요. 어쨌거나 그의 「자화상」을 보고 있자면 처연해집니다. 정체성의 혼란을 느끼고 있는 듯한, 어울리지 않는 그의 모습이 더욱 그렇습니다. 아내는 처가인 부산에 남겨두고 두 아이들과 함께 고향집으로 내려온 화가는 두 아이의 손을 잡고 매일같이 황톳길을 걸어 기찻길 가에 섭니다. 하루종일 기차를 바라보다가 그냥 다시 집으로 돌아옵니다. 어느 날 딸은 왜 이곳에 매일같이 오느냐고 물어보았더니 "혹시 엄마가 기차를 타고 올까 봐"라고 말했다고 해요. 그는 고향에서 그의 대표작 20여 점을 그렸어요.

> 1950년대 피란 중의 무질서와 혼란은 바로 나 자신의 혼란과 무질서의 생활로 반영됐다.……이 그림은 대자연의 완전 고독 속에 있는 자기를 발견한 그때의 내 모습이다. 하늘엔 오색구름이 찬란하고 좌우로는 자연 속에 나 홀로 걸어오고 있지만 공중에선 새들이 나를 따르고 길에는 강아지가 나를 따른다. 완전 고독은 외롭지 않다.
>
> – 계간지《화랑》1979년 여름호

추상(抽象)인가? 선(禪)인가? 동양과 서양, 전통과 현대의 경계를 넘나든 그의 그림 세계를 선화(禪畵)로 보는 시각도 있어요. 그가 선불교의 화두를 주제로 한 그림을 그렸기 때문이에요. 그의 '화두화'에 대해서는 장황하게 이야기할 필요도 없이 반복적으로 그린 해, 달, 새, 나무, 산, 사람이 등장하는 일상의 그림이야말로 그대로 선(禪)이라고 보는 시각이에요.

세종시에서는 2017년 장욱진 화백 탄생 100주년을 기념하여 시민 700여 명이 참여한 장욱진 화백 타일벽화를 내판역 담장에 설치했어요. 동심으로 돌아가 단순하게 멍 때리기를 하고 싶은 사람은 그림 벽화 앞에 하루종일 서 있다 와도 좋겠어요.

> 〈나는 심플하다〉 이 말은 내가 항상 되풀이 내세우고 있는 나의 단골말 가운데 한마디이지만 또 한번 큰소리로 외쳐보고 싶다. "나는 깨끗이 살려고 고집하고 있노라" 이렇게 말한다면 혹 나를 아는 사람 가운데는 苦笑를 던지는 사람들도 있을른지 모른다. 그 친구 머리나 수염을 언제 깎는지도 모르면서 혼자서만 깨끗한 체 한다고 말이다.
>
> 그러나 내가 말한 것은 외모를 말하는 것이 아니고 정신생활을 이야기 하는 것이다, 그런 면에서 나는 적어도 내 일에 충실하고 내 일에 충실한 한 스스로 떳떳한 생활이라 감히 자부하고 싶다. 이렇게 말하면 혹자는 또 나보고 교만한 사람, 독선적인 인간이라

탑비로 가는 계단   장욱진 탑비

비웃을지도 모른다. 그러나 나는 교만이 겸손보다는 좋다고 생각한다. 적어도 교만은 겸
손보다 위험하지 않으며 죄를 만들 수 있는 조건이 깃들여 있지 않기 때문이다.

– 『강가의 아뜰리에』 11쪽

푸드득, 하늘로 날아간 새

　일흔셋의 나이로 화가는 이곳 고향의 숲으로 돌아왔어요. 1990년 12월 27일, 천재 화
가의 죽음은 쓸쓸했어요. 국장으로 치러진 것도 아니고 여기저기 신문에 오르내린 것도
아닌, 그가 평생을 추구했던 단순한 그림, 단순한 삶처럼 심플했어요. 서글프게 심플했

나성동 도시상징광장

어요. 온갖 궁벽 속에서도 평생 붓을 놓지 않았던 그는 입버릇처럼, "나는 한평생 그림 그린 죄 밖에 없다"라고 했어요. 그런 죄의식이 그로 하여금 술에 탐닉하게 한 것은 아닐는지요. 가난이 또한 그의 음주벽을 자극하기도 했을 것이에요. 배가 고파도 밥 사달라는 것은 어딘지 궁색해서 자꾸 술만 얻어먹게 됐다는 것이에요. 궁색한 변명이라고 몰아붙일 수 없는 이유는 그가 한번 붓을 들어 그림에 몰입하면 술은 몇 달이고 입에 대지 않았다는 사실이에요.

화가의 탑비가 있는 연동면 느리울 마을을 찾았어요. 탑비를 안내한 이정표의 화살표는 자꾸만 마을을 빙빙 돌게 만들었어요. 느리울 마을을 몇 바퀴 돌아도 탑비를 찾기는 어려웠어요. 이정표 아래 딱 한줄 '150m 전방'이라는 문구만 있었어도 이 고생은 안 했을 텐데 하는 아쉬움이 컸어요. 탑비는 도로에서 150m쯤 운동기구가 설치되어 있는 버스 승강장 오른쪽 산 위에 있었어요. 탑비로 가는 계단이 있지만 안내표지가 없기 때문에 그 계단이 탑비로 가는 계단인지 알 수가 없었어요. 탑비는 1991년 3월 말 화가의 백일 탈상에 맞춰 이곳 연동면에 건립되었다고 해요.

탑비에서 시내로 온 날 밤, 우연히 화가의 그림을 가까이서 볼 기회가 있었어요. 세종시는 지난 2021년 9월 2일부터 연말까지 나성동 도시상징광장에 조성된 미디어큐브에 '장욱진, 고향을 꿈꾸다 –더 드림 온 마이 홈' 미디어아트 작품을 전시했어요. 장욱진 작품 총 40여 점을 활용해 제작한 미디어아트 작품 전시는 연말까지 진행했으며, 매일 오후 7시 반부터 11시까지 관람할 수 있었어요. 세종시 문화체육관광 국장은 코로나19로 힘든 현 상황에서 거대한 큐브속 미디어아트 작품이 매일 밤 세종시민들에게 특별한 미적 체험과 힐링 기회를 제공했으리라 본다고 했어요. 마지막으로 세종 지역에서 처음으로 장욱진 화가 재조명에 절대적 역할을 한 《연기문학》의 김석 시인의 시를 옮겨볼게요. 1996년 《연기문학》에 발표한 작품입니다. 김석 시인은 조치원 역전에 있던 〈양지서림〉에서 김형국의 『그 사람 장욱진』이란 책을 발견하고 장욱진이 이 지역 출신임을 알게 됩니다. 그 후 탑비 안내판 및 생가 표지석을 세우게끔 이끈 사람이에요. 안타깝게도 너무 일찍 우리 곁을 떠난 사람이지요.

우리는 본다.
파란 하늘인데 나이를 먹으면서
구름이 되어 간다.
세상에는 사람은 많은데
사람이 없는 요즈음
저 동진나루 건너 매바위 화실의
장욱진 선생처럼 단순한
그림의 삶을 살고 싶다.

– 김석 「당산을 내려오며」 전문

생각 밝히기

1. 장욱진은 왜 자신의 그림에 까치를 즐겨 그린 것일까요? 자유롭게 말해 보세요.

생각 밝히기

2. 자신의 자화상을 그려 보세요.

생각 밝히기

3. 장욱진의 '나무' 그림을 검색해 보고 패러디해서 그려 봅시다.

아나키스트 박문자,

가네코 후미코

아나키스트 박문자, 가네코 후미코

성배순

오래전 일이네요.

우리가 처음 만났을 때

나는 열아홉

당신은 스물하나

사람들이 조숙하다고 웃거나 말거나

우리는 신경 쓸 시간이 없었지요.

조선의 독립을 위해 밤늦도록

머리를 맞대야 했으니까요.

천 가닥, 만 가닥

바람이 된 지금도 사랑하는 B,

여기가 바로 부용산이에요.

밥도 못 얻어먹고 문밖으로 쫓겨난

내가 바라보던 그 산 말이에요.

나의 슬픔을 콩콩 냄새 맡던 개를 끌어안고

겨울밤을 지새울 때, 어머니처럼 그윽하게

품어주던 그 산이에요.

저 아래 여전히 칙칙 기차는 가고

도도하게 백천이 흐르네요.

천덕꾸러기였던 식모살이가 힘들어

뛰어들고 싶었던 기차역, 그리고 한내.

B, 당신과 함께 돌아보다니 꿈만 같아요.

그리도 그리던 조선의 산천을 실컷 보아요.

구석구석 만져도 보고 앉아도 보고 스며도 보아요.

몇 만 겁의 시간이 흘러도 여전히 사랑할 B여.

아나키스트 박문자, 가네코 후미코

나는 개새끼로소이다

하늘을 보고 짖는

달을 보고 짖는

보잘 것 없는 나는

개새끼로소이다

높은 양반의 가랑이에서

뜨거운 것이 쏟아져

내가 목욕을 할 때

나도 그의 다리에다

뜨거운 줄기를 뿜어대는

나는 개새끼로소이다

– 박열 「개새끼」 전문

　　아나키스트 박문자는 가네코 후미코(金子文子, 1903~1926)의 한국 이름이에요. 그
녀는 조선 유학생 정우영이 건넨 잡지 《청년조선》에 실린 박열(朴烈, 1902~1974)의 시

원쪽 사진은 가네코 후미코라고 돌아다니는
동명이인의 사진, 오른쪽 그림이 그녀의 진짜 초상화.

「개새끼」를 보고 첫눈에 반하고 말았어요. 시인에게 반한 것이 아니고 작품 「개새끼」
시에 반해서 시를 쓴 시인에게 동거를 제안한 당찬 여성이에요.

　1922년 당시 일본 유학생들이 발간한 잡지 《청년조선》에 실린 박열의 작품 「개새끼」
의 첫 시작은 자신을 개새끼라고 정의하는 것에서부터 출발해요. 개새끼가, 하찮고 보잘
것 없는 개새끼가 하늘과 달을 보고 짖고 있어요. 높고 넓은 하늘은 개새끼처럼 보잘 것
없는 자신의 힘으로는 어찌해 볼 수 없는 대단한 그 무엇 아닌가요? 그 하늘에 떠 있는
달 또한 하찮은 개새끼인 나로서는 어찌해 볼 수 없는 절대적인 그 어떤 것 아닌가요? 그
럼에도 시인은, 별 볼일 없는 개새끼임에도, 어찌해볼 수 없는 절대적인, 자연 또는 강력
한 힘을 가진 대상을 향해 컹컹 짖어 봅니다. 항거해 봅니다. 깨갱하고 꼬리를 숨기는 것
이 아니라 한바탕 짖어 보는 것이에요. 높은 양반은 개새끼인 나에게 뜨거운 오줌 목욕
을 시켜요. 흥! 그까짓 오줌줄기 눌 테면 누어 보라지! 개새끼인 나는 결코 당하고만 있
지는 않을 테니까요. 나에게 오줌 목욕을 시킨 높은 양반님 다리에다 냅다 오줌줄기를
뿜을 테니까요. 나는 개새끼이니까요. 이렇게 강렬한 시를 보고 반하지 않을 사람이 어
디 있겠어요. 게다가 그녀는 조선으로 건너오기 전 일본에서의 삶이 언제나 배가 고픈,
마치 구걸하는 개처럼 살았으니 이 시가 더욱 가슴에 와 닿았겠지요.

고픈 배를 움켜잡고 비틀비틀 거리를 걷다가, 어느 집의 쓰레기통에서 버려진, 타서 까맣게 된 밥을 보고 살며시 입에 넣었던 일을, 그리고 그것이 참 맛있었다.

– 가네코 후미코 『무엇이 나를 이렇게 만들었는가』 장현주 역, 더스토리, 53쪽

이처럼 비참한 삶을 살았던 그녀였으니까요. 조선으로 건너 와서도 그녀의 삶은 나아지지 않았어요. 오죽하면 학대당하고 구박당하는 자신과 개를 가련한 형제처럼 생각했겠어요. 그러니 자신을 개새끼라고 외치는 박열의 시를 보고 첫눈에 반했던 것이 아닐까요?

나는 조선 고모 집에서 기르던 개를 떠올렸다. 그 춥고 추운 조선의 겨울밤을, 멍석 한 장 없이 밖에서 자던 개를 떠올렸다. 내가 밥도 못 얻어먹고 문밖으로 쫓겨나 있는 동안 마치 나의 괴로움과 슬픔을 아는 것처럼 꼬리를 흔들며 고개를 숙인 채 코를 킁킁거리며 다가오던 그 개를 떠올렸다. 그리고 그런 내가 개의 목을 끌어안고, 힘껏 껴안고 혼자서 마음속으로 소리 죽여 울던 일도, 또 밤에 몰래 밖으로 나가 개의 잠자리에 짚을 갈아주던 일도, 또 어렸을 때 아버지가 찔러 죽인 개가 죽던 모습도, 조선에 있을 때 나는 개와 나를 항상 연결해서 생각했다. 개와 내가 똑같이 학대당하고 똑같이 구박당하는 가장 가련한 형제처럼 여겨졌다.

– 가네코 후미코 『무엇이 나를 이렇게 만들었는가』 장현주 역, 더스토리, 171쪽

박문자, 가네코 후미코는 박열을 만나 단도직입적으로 물어요.

"그러니까 연인이라고 할 수 있는 사람이 있나요? 만약 있다면 나는 당신과 단지 동지로라도 교제하고 싶어요."

박열은

"저는 혼자 몸입니다."

2023년 현재 모습의 왼쪽땅 200평이 박문자가 살았던 고모집

라고 답했고, 두 사람은 마지막으로 조선인과 일본인으로서 상대에게 반감을 가지고 있는지 확인했어요. 박열은

"제가 반감을 갖고 있는 것은 일본의 권력 계급입니다. 일반 민중이 아니죠. 특히 당신처럼 아무 편견도 갖고 있지 않은 사람에게는 오히려 친근감마저 듭니다."

라고 말했어요. 그녀는

"나는 당신 안에서 내가 찾고 있던 것을 발견했어요. 당신과 함께 일할 수 있었으면 해요."

라고 말했어요. 이후 둘은 자주 만났고, 박열은 그녀에게 함께 진지하게 운동하고 싶다면서 연료비만 치르고 자취하면서 묶는 싸구려 여인숙인 기친야도에 들어가자고 했어요. 그녀는 선뜻 좋다고 말하며 마음속으로

'기다려 주세요. 내가 학교를 졸업하면 같이 살아요. 그때는 내가 언제나 당신 곁에 있

을게요.……살아도 같이 살고 죽어도 같이 죽어요.'

라고 기도하는 것으로 자서전은 끝이 나요. 그러니까 우리가 알고 있는, 그녀가 박열에게 제시한 세 가지 동거조건, 첫째, 동지로서 함께 살 것. 둘째, 운동, 활동 다방면에서 내가 여성이라는 관념을 제거할 것. 셋째, 주의(主義)를 위한 운동에 서로 협력할 것 등은 아쉽게도 자서전에는 나오지 않아요.

박문자, 그녀는 어린 시절 세종시가 된 부강에서 산 인물이에요. 그녀는 대한민국 건국훈장 애국장을 받은 인물임에도 세종시에서의 그녀에 대한 연구는 아쉽게도 많지 않아요.

일본인이지만 첫 번째로 건국훈장을 받은 일본인은 후세 다쓰지 변호사예요. 그는 2004년 건국훈장 애국장을 받았어요. 그는 박열 의사와 박문자의 변론을 맡았던 변호사로도 유명한 인물이에요. 두 번째로 건국훈장을 받은 일본인이 바로 박문자, 가네코 후미코에요. 한국 정부는 그녀가 사망한지 92년만인 1989년에 건국훈장 애국장을 내렸어요. 이 훈장은 현재 문경의 박열기념관에 전시되어 있어요. 박문자는 1912년 충북 청원군 부용면(현재 세종시 부강면)에 살고 있는 고모의 양녀로 들어갔지만, 7년여 동안 모진 학대를 당했어요. 그녀가 일본으로 돌아갔을 때 그녀의 팔에 잔뜩 나 있는 동상자국을 보고 어머니는 울음을 터뜨렸어요.

웃을 틈도 없이
또다시 떠오르는 B의 모습
나는 열아홉, 그는 스물하나
둘이 함께 살다니 조숙했다 할 수밖에
집을 나와 그를 만나서
밤늦도록 걸은 적도 있었지
너무나 뜻이 높아
동지들에게마저 오해를 산 니힐리스트 B

저이든 우리 편이든 웃을 테면 웃어리

×××× (일제 검열에 의해 지워짐)

기꺼이 사랑해 죽으리라

– 박문자가 감옥에서 지은 단가 「박열을 그리워하며」 전문

　박열은 가네코 후미코의 죽음 후, 그녀의 기일 아침이면 그의 두 번째 아내인 장의숙 (1947년 재혼. 1976년 사망) 에게 불쌍한 그녀를 위해 함께 기도해 달라고 부탁했어요. 그리고는 그날만큼은 하루 종일 입을 닫고 묵념을 했어요. 집 안에 틀어박혀 먹지도 마시지도 않으며 정좌한 채, 혼자만의 제사를 지냈다고 하니 박열이 그녀를 얼마만큼 존중했는지 짐작이 갑니다.

개처럼 살았던 7년의 부강, 그리고 아나키스트에서 독립운동가로

　청일전쟁에서 승리한 일본은 경인 철도 부설을 조선 정부에 강요하였어요. 1899년 오에 타쿠(大江 卓)에 의해 경부 철도 노선이 결정되었는데, 서울 남대문에서 출발하는 기차는 수원, 아산, 전의를 지나 공주로 해서 논산을 거쳐 부산까지 가는 노선이었어요. 이때 조치원이나 부강은 노선에 없었어요. 그런데 이 노선이 신문에 보도 되자 공주에서는 유림을 주축으로 거세게 반대시위를 했어요. 반대의 이유는 여러 가지가 있는데요. 그중 하나는 풍수지리상으로 쇠로 만든 철도가 공주의 기를 죽인다는 거였어요. 지네를 닮은 기차가 닭으로 상징되는 계룡산을 지나가면 공주가 망한다는 소문이 돌았어요. 또 다른 하나는 기차의 기적소리를 들으면 동물들이 새끼를 못 낳는다는 거였어요, 또 다른 이유로는 친일파인 공주 갑부 김갑순(1872~1960년)이 당시 대전에 많은 땅을 소유하고 있었기 때문에, 철도가 대전을 통과하도록 총독부에 로비를 하였다는 것이었어요. 대전이 개

1909년 11월 개통된 부강역의 1992년 12월 31일자 모습

발이 되면 자신이 갖고 있는 땅값이 오를 테니까요. 또 당시 김갑순은 공주 공산성 북문인 공북루 밑 나루터에서 배를 빌려주는 사업을 하고 있었어요. 배로 만든 다리를 지나는 사람들에게 통행료를 받았는데, 공북루는 공주에서 서울로 올라가기 위해서 꼭 거쳐야만 하는 곳이었어요. 공주에 철도가 들어서면 공북루를 이용하는 사람들이 적어져서 수입이 줄어들까봐 그랬을 것이라는 소문도 있었어요. 이런 저런 반대가 있어서인지 일본은 노선 실측을 다시 했고, 공주와 논산을 거쳐 가는 경유지는 취소되고, 수원에서 내려온 기차는 천안-전의-조치원-내판-부강-신탄진-대전으로 확정되었어요. 이런 이유로 조치원과 부강에 철도역이 세워지게 된 거예요. 부강역은 1909년 11월 경부선 보통 역으로 영업을 개시하였어요. 부강역이 개통되고 3년 후인 1912년 부강에 살고 있던 가네코 후미코의 친할머니는 일본으로 가서 그녀를 부강으로 데려왔어요. 그녀는 1912년 가을부터 1919년 봄까지 약 7년 동안 부강에서 살았답니다.

후지산과 닮은 부강의 부용산

그녀의 자서전에 의하면 당시 부강은 일본인과 조선인이 섞여 살고 있었는데 일본인은 40여 가구 정도였어요. 그러나 두 민족은 융화되지 못하고 따로따로 지자체를 구성하고 있었어요. 조선인 측에는 '면사무소'가 있었고, 일본인 측에는 관청이 있어서 일본인을 관리하고 있었어요. 일본인 마을은 여관, 잡화점, 문방구, 의사, 우체국, 모종가게, 과자가게, 신발가게, 목수, 소학교 교사가 각각 한 집, 헌병이 다섯 집, 농민이 세 집, 매춘부가 한집, 역장 및 역원이 네 집, 철도 인부가 서너 집, 조선인을 상대로 하는 고리대금업자가 예닐곱 집, 해산물 중개업자가 두 집, 담배와 과자 소매점이 두세 집이었다고 자세히 기록되어 있어요. 고모와 같이 살고 있던 친할머니 집은 5~6개의 산과 조선인에게 소작을 준 논밭이 있었는데, 거기서 나오는 수입으로 조선인을 상대로 고리대금업을 하고 있었어요. 자서전을 통해 확인된 것은 일본인들은 우리 조선인을 상대로 고리대금업을 했다는 것이에요.

부강의 고모 집에서 가네코 후미코는 천덕꾸러기로 모진 학대를 받으며 식모살이를 했어요. 그 생활이 너무 힘들어 기차역으로 가서 자살을 하려고도 했고, 주머니에 돌을 넣고 백천으로 뛰어 들려고도 했어요. 그러나 그녀는 그녀가 죽은 후에 사람들이 그녀의 죽음에 대해 거짓말을 해도 해명할 수가 없음에 자살시도를 멈췄어요. 대신 자기처럼 괴로움을 당하는 사람들과 함께, 괴롭히는 사람들에게 복수하기로 마음먹어요. 그 후 그녀는 스스로를 어린애가 아니라, 안에 가시를 품은 악마 같은 존재가 되었다고 표현합니다. 16살 봄, 가네코 후미코는 부강에서의 7년 생활을 접고 일본으로 돌아갑니다. 후미코가 일본으로 돌아가기 한 달 전인 1919년 3월 13일 세종시 전의면 시장 (구 충남 연기군 전의면 읍내리 전의시장)에서는 대규모 독립운동이 펼쳐집니다. 전의시장에 이어서 3월 23일에는 금남면 대평리 시장에서, 3월 30일에는 조치원시장에서 수천 명이 모여 대한독립 만세를 외쳤어요. 이어서 3월 31일에는 후미코가 살고 있는 부강면(구 충북 청원군 부용면) 부강역 앞 광장에 수천 명이 모여서 만세운동을 펼칩니다. 이 광경을 목격하고 충격들 받은 후미코는 일본으로 돌아가서 조선인 민족운동가들과 가깝게 어울립니다.

1903년 요코하마 시에서 태어난 가네코 후미코는 일본에서 아버지의 호적에도 실리지 못한 무적자였어요. 그때는 일본이 의무교육을 시행하고 있었던 때였음에도 학교를 다닐 수 없었어요. 부강에서도 부강고등소학교를 다니긴 했지만 무적자여서 많은 멸시를 당했었거든요. 1919년 4월, 가네코 후미코의 일본행은 부강의 고모에게 파양되어서 쫓겨 가다시피 한 귀향이었어요. 그러나 일본 고향에서는 아무도 그녀를 반기지 않았어요. 어머니를 버리고 이모와 살고 있던 아버지로부터도 갖은 수모를 겪었고, 우여곡절을 겪은 후에야 아버지로부터 독립할 수 있었어요. 절에 스님으로 있는 외삼촌의 재산을 노리고 자신을 팔아버리려고 했던 아버지, 양아버지도 아니고 피붙이인 친아버지로부터의 독립은, 어깨뼈가 부서질 정도로 맞은 후에나 가능해진 일이었어요. 그녀는 신중하게 생각했고 과감하게 도쿄로 향했어요.

박열과 함께 발행한 잡지들　　　　　부강심상소학교(박열기념관)

　　그녀가 바라던 진정한 바람은, 목적은, 더 많은 책을 읽고, 더 많은 것을 알고, 자신을 성장시킬 수 있을 만큼 최대한 성장시키는 거였어요. 그녀는 우선 잠자리를 제공해주는 곳에서 신문팔이를 시작했어요. 그녀의 목표는 영어, 수학, 한문 세 과목을 전문으로 배워 여학교 졸업 검정시험을 본 뒤 여자의전(女子醫專)에 진학하리라 마음먹었어요. 하루하루가 버티기 힘든 나날이었지만 그녀는 "희망이 그 고통을 극복하고도 남았다"고 기록합니다. 그 힘든 생활 중에도 그녀는 불교제세군, 사회주의자 그룹, 기독교 구세군의 설교를 듣고는 모두 허상에 지나지 않는다고 판단을 해요.

　　당시 도쿄에는 조선에서 온 유학생들이 많이 있었어요. 1920년 12월 일본 사회주의동맹이 결성되었어요. 당시 일본의 사회주의운동은 천황에 대한 인식부족과 공산주의 국제 연합으로 제3인터내셔널이라고도 불리는 '코민테른'이라는 외부의 힘에 의해 주도되었다는 한계가 있어요. 이 단체에는 조선 유학생들이 상당히 많이 가입되어 있었어요. 길거리에서 신문행상을 하던 가네코 후미코는 사회주의자들과 교류하며 학대받는 민중을 위해 사회변혁을 추구한다는 사회주의에 깊이 빠지게 되고, 조선인 사회주의자 학생들과도 자연스럽게 교류하게 되었어요. 이들 중 박열과 원종린 등 20여 명은 1921년 11월 21일 〈흑도회〉라는 단체를 결성하고 기관지《흑도(黑濤)》를 발간하였어요.

　　박열을 만나고 난 후 가네코 후미코는 박열과 함께 기관지《흑도》1호, 2호를 발행

했어요. 이어서 《후토이 센징(太い鮮人)》 1호, 2호도 발행하였으나 책제목이 과격하다는 일본의 금지명령에 제목을 바꿔서 3호, 4호는 《현사회》로 바꿔서 발행했어요. 자신의 이름도 박열의 성을 따서 박문자로 바꾸었어요. 둘은 〈박살단〉 단체에서 일본 내에서 조선인과 사회주의자들을 매도하는 언론인 그리고 일본의 앞잡이가 된 기회주의자들을 이름 그대로 박살내는 역할을 하였어요. 또한 폭탄을 상하이에서 밀수하여 혁명을 일으키려고 준비하였으나, 아쉽게도 1923년 9월 발생한 관동대지진으로 무산됐어요. 성난 군중들은 폭동을 일으켰어요. 내무대신은 대책을 발표했는데 그것은 조선인인 '불령선인' 들이 조직을 해 관공서나 우물에 독을 타서 폭동을 일으키고 있다고 조작한 것이었어요. 조작의 목적은 성난 군중들의 원성이 조선인들에게 향하도록 하는 것이었어요. 그렇게 계엄령이 선포가 되고 일본의 폭력단체들은 조선인들을 마구잡이로 학살하게 된 것이에요. 불령선인(不逞鮮人)은 불온하고 불량한 조선 사람이라는 뜻으로, 일본 제국주의자들이 자기네 말을 따르지 않는 한국 사람을 이르던 말이었어요. 박열과 박문자가 발행한 잡지 《후토이센진(太い鮮人)》은 불령선인을 옹호하는 내용을 담은 기관지였어요. 그 제목의 발음이 불령선인의 일본어 발음인 후테이센진(不逞鮮人)과 일부러 비슷하게 만든 거였어요. 그래서 발행금지 명령을 받은 것이지요. 박열은 그 학살 속에서 살아남으려면 제 발로 잡혀 수감되는 것이라고 생각해서 자진해서 끌려갔어요. 그를 따라 박문자도 자진 출두하였어요. 내무대신은 언론을 통제하고 조선인 비밀단체들이 폭탄을 밀수해서 가을에 장관들을 죽이고 테러한다는 명목으로, 그 배후자의 우두머리로 박열을 지목하였어요. 하루아침에 관동대지진에 대한 책임을 뒤집어 쓴 희생양이 된 것이에요. 박열의 죄명은 무정부주의자를 선동하여 사회주의 운동 및 무장 투쟁을 한 비밀 결사단을 결성했다는 혐의였어요. 검사의 질문에 박열과 후미코는 입을 열지 않았고, 박열은 변호사를 대동하여 이 일은 오로지 자신 혼자 계획한 일이라고 했고, 그 폭탄테러의 목표는 히로히토 황태자임을 밝혔어요. 그리고 자기 독단의 소행이지 박문자는 모르는 일이라고 말하였어요. 그러나 박문자는 오히려 자신이 박열을 협박하여 벌인 일이라고 했어요. 박열은 재판을 받는 데에 몇 가지 조건을 거는데 그것은 조선의 한복을 입고

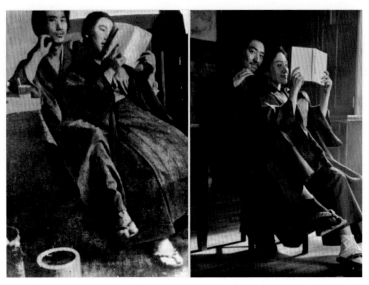

왼쪽은 옥중의 부부사진. 오른쪽은 영화에서 재현한 사진
– 이 사진으로 판사는 사직했고 와카쓰키 내각은 총사퇴했다.

재판을 받는 것이었어요. 실제로 박열과 박문자는 한복을 입고 재판장에 나왔어요. 둘은 이치가야 형무소에서 옥중 결혼식을 올렸으며 대심원의 마지막 공판을 앞둔 1926년 3월 23일에 혼인신고를 했어요. 둘은 1926년 3월 25일에 사형선고를 받았고, 일본 정부는 10일 후에 무기징역으로 감형한다는 천황의 칙명을 발표했으나 박열과 박문자는 그 결정을 거부했어요. 박문자는 1926년 7월 23일 우츠노미야 형무소 도치기지소 감방에서 마닐라 삼끈을 꼬는 수인작업을 하다가 스스로 죽음을 선택했어요. 그녀의 나이 스물세 살이었어요. 그녀의 죽음에 대해서는 타살이라는 강한 의혹도 있는데, 박열기념관에서의 그녀에 대한 죽음의 기록은 자살로 일관되게 기록되어 있어요. 그녀가 죽은 후 일주일이 지나서야 화장을 할 수 있었고, 그녀의 변호를 맡았던 후세 변호사의 집에 안치할 수 있었어요. 1926년 11월 5일, 박열은 문경에 있는 형에게 부탁하여 박문자의 시신을 고향의 선산에 묻어 달라고 부탁 하였어요. 무덤은 그 후 2003년 12월 현재 위치인 박열기념관 안으로 이장하게 된 것이에요. 박문자는 박열을 만나 "당신이 독립운동가라면 함께 할

박문자의 초상화

수 없다"고 잘라 말했지만, 힘을 가진 사람들에 대해 마음속으로는 반감을 가지고 있었어요. 그러니까 그녀의 조선에 대한 생각은 처지가 비슷한 사람을 동정한 인간적인 것이지 민족적인 것은 아니란 이야기에요. 박열은 항일 투쟁의 한 방법으로 아나키스트가 된 것이지, 사실은 철저하고 혁명적이고 투쟁적인 민족주의자였던 것이에요. 박문자도 이에 동참했던 것이지요.

나는 나 자신이다

박문자는 1912년 12월 11일 부강공립심상소학교 4학년에 편입하여 1915년 3월에 졸업하고, 1917년 3월에 부강공립고등소학교(현재 부강초등학교)를 졸업했어요. 현재 이곳에는 당시 부강공립심상소학교에서 사용하던 강당이 남아 있고 그녀의 학적부가 보손되어 있다고 해요. 그러나 필자가 확인하고자 학교의 행정실에 들렀을 때, 행정실 직원 그 누구도 그녀의 존재를 몰랐어요. 어렵게 그녀의 이름을 검색해 보았지만 안타깝게도 그녀의 이름을 확인할 수는 없었어요. 그녀의 흔적을 찾아 돌아다니면서, 누구보다도 주체적이고 독립적으로 23년의 생을 살아간 그녀의 기록물인 『무엇이 나를 이렇게 만들었는가』와 『나는 나』라는 옥중수기를 감동적으로 읽었어요. 물론 두 책은 제목을 달리해서 출판한 같은 내용의 그녀의 자서전이에요. 역자가 달라서 표현이 조금씩 다른 점이 나름 흥미로웠어요. 이 책은 자신의 운명을 스스로 개척해 나간 선구자로서, 또한 주체적으로 자신의 운명을 선택하고 개척해 나가길 원하는 독자들에게 건네는 그녀의 뜨거운 희망이에요. 세종시에서 그녀의 연구가 활발히 이루어지고 그녀에 대한 재평가가 하루빨리 이루어지길 바랍니다. 문경에 있는 박열의사기념관은 2003년부터 가네코 후미코 연구회와 교류하면서, 홀수 년 7월 23일에는 한국에서 추도식을 열고, 짝수 년에는 일본 야마나시에서 가네코 후미코 연구회 주관으로 추도식이 열린다고 해요. 이런 교류가 세종시에도 이어지기를 바랍니다.

우리들은 쉽게 말해요. 박문자, 가네코 후미코를 이야기할 때 박열의 아내, 가네코 후미코라고. 그러나 가네코 후미코가 박열의 아내라는 것은, 그래서 이름도 박열의 성을 따서 박문자로 지었다는 것은, 그녀가 지니고 있는 수많은 색깔 중 하나일 뿐이에요. 그녀는 자신의 욕망에도 당당했던 시대를 앞서간 여인이에요. 한 끼 해결이 어려운 상황에서도 배움만큼은 포기하지 않았던 그녀는, 나 자신이라는 독립된 존재로 살아가기를 소망했어요. 비록 23년의 짧은 생이었지만, 누구의 딸도 아닌, 누구의 아내도 아닌, 국가의 이데올로기, 가부장의 이데올로기에서 벗어나 온전히 '나' 자신으로 살고자 했어요. 그런 그녀를 만나려고 부강을 거쳐 문경에 있는 그녀의 묘에 다녀오면서 많은 생각으로 착잡했어요. 단순이 국적이 일본인이란 이유로 그녀의 업적이 폄하된 것은 아닌지, 그래서 연구가 소홀했던 것은 아닌지 다시 한번 생각해 보았어요.

생각 밝히기

1. 박문자, 가네코 후미코는 일본인으로서는 두 번째로 건국훈장을 받았어
요. 그녀가 누구인지 설명해 보세요.

생각 밝히기

2. 청일전쟁에서 승리한 일본은 경인 철도 부설을 조선 정부에 강요하였어요. 이때 서울 남대문에서 출발하는 기차의 노선에 조치원이나 부강은 없었어요. 그럼 어떻게 해서 부강역이 생기게 되었을까요?

생각 밝히기

3. 1923년 9월 일본에서 관동대지진이 발생했어요. 성난 군중들은 폭동을 일으켰어요. 내무대신은 이 혼란을 잠재우기 위해 어떤 대책을 발표했나요? 박열과 박문자는 그 후 어떻게 행동했나요?

생각 밝히기

4. 박열과 박문자 둘은 1926년 3월 25일에 사형선고를 받았어요. 일본 정부는 10일 후에 무기징역으로 감형한다는 천황의 칙명을 발표했으나, 둘은 수령을 거부했어요. 이들은 이 감형을 왜 거절했을까요?

세종시 역사인물에서 만난 나의 멘토

2023년 10월 28일 초판 1쇄 발행

지은이 | 성배순
그림 | 이재연
감수 | 최창희(전 한림대학교 역사학과 교수)

펴낸곳 | 도서출판 심지
출판등록 | 제 2003-000014호
주소 | 34570 대전광역시 동구 대전천북로 12
이메일 | simji42@hanmail.net

ⓒ 성배순 2023
ISBN 978-89-6627-247-1 03910

* 이 책에 실린 글과 그림 사진은 저작권자에게 있습니다.
  저작권자의 허가 없이는 무단 복제를 금합니다.
* 이 책은 세종시와 세종시문화관광재단의 지원금으로 제작되었습니다.